Teresa Carrau Carbonell

LA CONSERVACIÓN DE LA CASA MODERNA COMO PATRIMONIO
Viviendas unifamiliares de Alejandro de la Sota

Carrau Carbonell, Teresa
    La conservación de la casa moderna como patrimonio: Viviendas unifamiliares de alejandro de la sota . - 1a ed . - Ciudad Autónoma de Buenos Aires : Diseño, 2020.
    132 p. ; 21 x 15 cm. - (Textos de arquitectura y diseño / Camerlo, Marcelo)
    ISBN 78-1-64360-274-5

    1. Arquitectura . 2. Conservación. 3. Viviendas. I. Título.
    CDD 720.1

Textos de Arquitectura y Diseño

Director de la Colección:
Marcelo Camerlo, Arquitecto

Diseño de Tapa:
Liliana Foguelman

Diseño gráfico:
Cecilia Ricci

Hecho el depósito que marca la ley 11.723

Gracias a la Fundación Alejandro de la Sota por las imágenes cedidas

I.S.B.N. 978-1-64360-274-5
ISBN Ebook 978-1-64360-275-2

Febrero de 2020

Teresa Carrau Carbonell

LA CONSERVACIÓN DE LA CASA MODERNA COMO PATRIMONIO

Viviendas unifamiliares de Alejandro de la Sota

diseño

LA CONSERVACIÓN DE LA CASA MODERNA COMO PATRIMONIO
Viviendas unifamiliares de Alejandro de la Sota

Muchas gracias a Ignacio Bosch y Alberto Burgos, mis directores de tesis.

ÍNDICE

PRÓLOGO

El proyecto de una casa -lo sabe bien cualquier arquitecto- combina al tiempo ser el tema estrella y ofrecer la dificultad máxima.

La vivienda es el último refugio del hombre. Es el ámbito de la privacidad, de la intimidad y el confort, y por lo tanto el campo donde la experimentación es más difícil. Son excepcionales los clientes que permiten que se experimente con su propia casa. La mayor parte de la gente prefiere refugiarse en la seguridad de lo ya conocido.

Este trabajo estudia cuatro de las cinco viviendas unifamiliares construídas por Alejandro de la Sota. Un gran arquitecto, trabajando para clientes inteligentes que permiten la experimentación, es capaz de alcanzar resultados sobresalientes por encima de restricciones económicas.

Pero, ¿qué sucede con la casa cuando la personalidad valiente que se arriesgó desaparece? ¿Es capaz de sobrevivir en base a sus valores arquitectónicos, obviando el hecho señalado al principio, la resistencia a lo innovador y experimental?

La lectura de este libro, fascinante por otra parte, nos desvela la melancolía del fracaso. De las cinco viviendas construídas por Alejandro de la Sota –no incluyo el pabellón del conserje del Colegio Mayor César Carlos- dos han sido destruídas (Ardesú y Guzmán), dos significativamente alteradas (Velázquez y Varela) y solamente una se ha conservado relativamente bien Domínguez).

La autora reflexiona brillantemente sobre este dato. Y, de paso, eleva el punto de tiro preguntándose atinadamente sobre la cuestión fundamental: la permanenecia de lo moderno. Si se proyecta desde la función, ¿qué sucede cuando la función cambia?. Si la forma sigue a la función y la función queda obsoleta, ¿en qué se sustenta la forma?

En la introducción, brillantemente titulada ¿Hay vida después de la muerte?, la autora hace un listado de viviendas unifamiliares del movimiento moderno que han resitido a la demolición. Independientemente de lo acertado de los criterios de selección, siempre cuestionables, y del hecho de que se prescinde todas las desaparecidas, hay un dato sobrecogedor: solamente once de las cincuenta y dos casas siguen siendo utilizadas como viviendas.

El primer capítulo, sugestivamente titulado *Algo tendrá que cambiar para que nada cambie,* Teresa Carrau estudia la evolución de tres viviendas italinas de refencia. Recomiendo especialmente la lectura de las reflexiones sobre dos de ellas: la Villa Bianca, obra de Giuseppe Terragni, y la Villa Figini, proyectada para él mismo por Luigi Figini.

El capítulo siguiente, *Caperucita roja y el tiempo feroz*, reflexiona brillantemente sobre el destino de estas casas. Pero ambos, primero y segundo, no son sino apertivo del plato central del libro: la historia, construcción, evolución, transformación y destrucciones operadas en las viviendas unifamiliares proyectadas por Alejandro de la Sota. Comprobamos que el orgulloso *Mi casa es de Sota* que da nombre al capítulo de nada sirve cuando el cliente sofisticado que la encarga desaparece o las circunstancias en la que se construyó varían.

La joven vieja o cómo robarle tiempo al tiempo es la conclusión de este apasionante recorrido por la vigencia de unas casas de otros tiempos y otras personas, pero que gracias a que sus autores son ya referentes en la historia de la arquitectura, merecen una consideración más allá de su valor de uso.

El estudia termina con una maravillosa oración de Alejandro de la Sota, gran arquitecto, gran señor y gran cristiano. Su inteligente sensatez –ser sensato es estar en la realidad de las cosas- redime de la melancolía desesperanzada. Sirva su mención, al clausurar también este prólogo, de homenaje a su perenne magisterio:

"Señor, dame valor para cambiar lo que deba cambiarse,
dame serenidad para aceptar lo que no pueda cambiarse
y dame sabiduría para distinguir lo uno de lo otro"

Ignacio Vicens y Hualde. Dr. Arquitecto.
Catedrático de Proyectos Arquitectónicos.
Universidad Politécnica de Madrid.

CASAS ICONO DEL MOVIMIENTO MODERNO ¿HAY VIDA DESPUÉS DE LA MUERTE?

"Seguir la evolución del interior de la vivienda, es seguir la de la humanidad"[1]. La casa unifamiliar es el arquetipo en el que trabajaron con mayor libertad los Grandes Maestros del Movimiento Moderno. *"¡Abolamos las escuelas! Ninguna fórmula, ningún expediente. Estamos en los comienzos del descubrimiento arquitectónico de los principios modernos. Que se formulen, desde cualquier parte, francas propuestas. Dentro de 100 años podremos hablar de -un estilo-. Ahora esto no nos sirve, únicamente nos sirve -el estilo- en general, es decir la coherencia moral en cada obra creada"[2]*. Las bases del Movimiento Moderno radican en el entendimiento de la arquitectura como satisfacción de las necesidades del hombre. Se trata de una arquitectura racionalista y funcionalista, que lejos de ceñirse a la mera distribución de un programa, pretende satisfacer las necesidades psicológicas y espirituales del hombre. La casa moderna fue un exitoso laboratorio de experimentación que recogió el resultado de estas inquietudes.

Revisando una selección de casas icono[3] por todos conocidas, me sorprendieron dos factores comunes. El primero, la pérdida de su función original. Casi un 25% de las casas revisadas son hoy museos de sí mismas ¿Es que la máquina de habitar ya no funciona? Esas casas funcionalistas ¿se convirtieron en pirámides de Keops? El segundo extraño factor común, es que la mayoría de las viejas casas modernas tienen hoy apariencia de recién acabadas ¿será que las casas modernas sufren el síndrome de Benjamin Button?

Observemos algo más de cerca la idílica Villa Savoye. Le Corbusier proyectó esta villa para los señores Savoye cerca de Paris. La casa se concibió como residencia de fin de semana y fue habitada hasta comienzos de la 2ªGM. Durante el periodo bélico fue ocupada por los alemanes,

[1] GATEPAC. AC. 1931-1937. Barcelona 1975.

[2] LE CORBUSIER (1936). Carta a Martienssen pulicada en Ouvre complète 1910-1929. p.5

[3] Las fuentes utilizadas para la elaboración de este listado son los libros clásicos de Historia de la Arquitectura Moderna de Renato de Fusco, Leonardo Benévolo y Pevsner y la plataforma Iconichouses.org, que es una red internacional que conecta casas icónicas del siglo XX que están abiertas al público. La plataforma colabora en la conservación, la gestión y cooperación por la preservación de las mismas

Selección de casas icono. Se resaltan las que actualmente se utilizan como casa.

que aprovecharon su ubicación estratégica como punto de observación aéreo. Desde el inicio de la guerra, la villa perdió su función de vivienda y ya nunca fue recuperada. Se usó como casa de labranza y como club de jóvenes, sufriendo importantes deterioros y modificaciones precipitadas. En 1965 tras una gran campaña del sector de las artes y la arquitectura, liderada por el propio Le Corbusier, la villa se clasificó como Monumento Histórico y consiguió salvarse de la demolición. En 1993 se abrió definitivamente al público en su totalidad como museo de si misma. Para mantener la villa en pie, se llevaron a cabo tres hitos de trabajo. El objetivo del primero, entre 1963 y 1967 fue consolidarla, pues ya se encontraba en estado de alto deterioro. Le Corbusier colaboró con su opinión y asesoramiento con Jean Dubuisson, arquitecto jefe de Edificios Civiles y Palacios Nacionales, que se encargó de la restauración de la villa. En este tiempo se recuperó el paseo arquitectónico de la casa y su imagen exterior fue algo modificada respecto a la original; eliminaron los colores del solárium que se pintaron de blanco y se pintó la puerta de acceso de rojo, quizás haciendo un guiño al proyecto Museo Corbu[4], que Le Corbusier dibujó entre 1960 y 1965 para evitar la demolición de la villa proponiendo un nuevo uso para la misma. En la segunda intervención global, que tuvo lugar entre 1983 y 1993, el objetivo principal fue resolver los problemas de entrada de agua. El criterio obedecido fue introducir elementos nuevos allá donde se había perdido la materia original; el solárium se repintó recurriendo a los tonos de la Fondation le Corbusier pero sin repristinar los originales extraviados y se colocaron nuevas luminarias en la posición original de las perdidas, pero claramente diferenciables del original. Sin embargo, la tercera intervención, que tuvo lugar entre 1996 y 1997, adoptó un criterio diferente. Con el objetivo de recuperar la atmósfera inicial de la villa y actualizar su uso como museo, se realizó una restauración cuidadosa que trataba

---

[4] Entre 1960 y 1965 Le Corbusier propone un nuevo uso como Museo Corbu, precisamente para protegerla y conservarla. Aunque este proyecto nunca se realizó por motivos burocráticos y económicos, es de gran interés porque supone lo que Le Corbusier hubiera hecho sobre su propia obra. Josep Quetglas dedica un capítulo en "Les Heures Claires" a este proyecto, en el que describe de forma detallada los cambios propuestos por Le Corbusier. Quizás el mas relevante es la nueva puerta de acceso pivotante y esmaltada que hubiera supuesto un gran resalte en fachada, adecuado para el nuevo programa de museo.

AÑO 1930

AÑO 1950

AÑO 1965

AÑO 1990

AÑO 2014

Evolución de la Villa Savoye.

de volver a la atmósfera original. Se hicieron estudios estratigráficos y se repristinaron, no solo todos los tonos de los que se tenía constancia, sino también lámparas, manillas de puertas e interruptores. Progresivamente, intervención tras intervención, la villa ha ido recuperando su supuesta imagen inicial.

La Villa Tugendhat cuenta una historia parecida. Los propietarios disfrutaron poco tiempo de la casa, pues en 1938 emigraron a Suiza debido a la ocupación alemana. La casa albergó numerosos y distintos usos a lo largo de su historia; fue ocupada por la GESTAPO, se convirtió en una escuela de baile a finales de los 40, luego recuperó el uso de vivienda para alojar a los invitados del municipio y posteriormente en 1994 se convirtió en el Museo de la Ciudad de Brno. En 2001 fue declarada Patrimonio de la Humanidad por la UNESCO y en 2012 tras un largo periodo de investigación y elaboración del proyecto de intervención se abrió al público como museo de sí misma, como documento histórico de los años 30. La primera intervención global, que tuvo lugar entre los años 1981 y 1985, tenía el objetivo de convertir la villa en un reclamo turístico de la ciudad y para albergar invitados de forma ocasional. La casa se restauró sin ninguna investigación histórica previa, causando algunos daños al usar materiales incompatibles con los originales como el cemento o resinas sintéticas. En 2001 un grupo especializado dirigido por Ivo Himmer comenzó una investigación histórica y tecnológica de la vivienda. Descubrieron que se conservaba un alto porcentaje de la materialidad original de la casa. La intervención consistió en la recuperación de la materialidad original mediante técnicas especializadas, reconstrucción de elementos perdidos y réplica de todos los muebles tal y como eran en el origen. La villa con aspecto de recién acabada, recrea la atmósfera que debió tener en los años 30. Como a Benjamin, le sucede que conforme pasa el tiempo está mas joven.

Podríamos continuar repasando las historias de las icono y nos encontraríamos una y otra vez con el mismo resultado; casas "disecadas" en su época dorada y expuestas en vitrina. Sin embargo, la experiencia en edificios históricos de siglos pasados nos dice que el ingenio humano ha conseguido resucitarlos, actualizarlos, revalorizarlos e incluso convertir en virtud su ancianidad. Un obsoleto Fondaco dei Tedeschi transformado en centro comercial *degli italiani*, una mezquita convertida en catedral de Córdoba ó una iglesia de las Escuelas Pías convertida en biblioteca. Edificios ancianos estrenando actividad en pleno funcionamiento. También existen casos como La Pedrera, la Estación de Atocha ó la Arena de Verona, viejos edificios con *viejovenes* programas ¿Qué sucede entonces con las casas modernas, cuya vejez no parece virtuosa y cuya función doméstica parece obsoleta?

Fondaco dei Tedeschi reconvertido en centro comercial por OMA.

Mauricio Boriani[5] ya lo anunció en el primer artículo monográfico sobre la conservación del Movimiento Moderno. El arquitecto señalaba dos de las principales diferencias con el resto de patrimonio: la dificultad para adaptarse a funciones distintas a las originales y la contraposición que surge entre la voluntad de mantener la imagen de nuevo y el valor documental del objeto. El Movimiento Moderno, rompe con lo anterior para iniciar una práctica nueva. También sucedió así en el Gótico, el Renacimiento o el Barroco. Pero la brecha en el M.M va más allá, pues elimina el concepto de tipología arrastrado durante siglos. Por primera vez, la forma del edifico aparece como resultado y no como intención. Viendo que este Movimiento es esencialmente diferente a todos los demás, parece lógico que la restauración como disciplina deba ampliarse o revisarse para dar respuesta a temas nuevos. Veamos a continuación en qué reside esa especificidad del Movimiento Moderno y sus consecuencias en la disciplina de la restauración.

Respecto al significado, para los modernos la forma sigue a la función. Como apunta Boriani, algunos modelos de habitación típicos del s.XX ya no son aceptables, como es el caso de algunos pabellones que nacieron con fecha de caducidad. No es el caso de la vivienda. Una característica fundamental de la Bauhaus y del funcionalismo es el conocimiento profundo de las necesidades antropológicas del hombre. *"El hombre siente, en el día de hoy, que necesita un esparcimiento intelectual, un descanso corporal y la cultura física necesaria para resarcirse de las tensiones musculares o cerebrales del trabajo"*[6]. Esas necesidades básicas; luz, aire, higiene, protección y seguridad siguen siendo vigentes para el hombre del siglo XXI, pues son inherentes a la persona humana. Si bien es cierto que el programa doméstico ha variado a lo largo del tiempo y varía con cada usuario, y que el grado de confort de la vivienda ha aumentado de forma exponencial, el hecho de que las casas modernas respondan a las necesidades vitales del hombre, deja abierto un amplio abanico de posibilidades.

[5] BORIANI, M.(1989); "Restauro e Moderno" en Recuperar. Edilizia Design Impianti p.580-687
[6] LE CORBUSIER (1923): "Hacia una arquitectura" . Barcelona: Ed. Poseidón p.324

Respecto a la materialidad, el Movimiento Moderno es heredero de la Revolución Industrial. Los Maestros experimentaron con los materiales y la tecnología constructiva nueva y distinta a la usada durante siglos. Esto da lugar a nuevas formas de degrado y envejecimiento. John Allan señalaba la necesidad de una *"nueva caja de herramientas"*[7] para resolver los problemas de estos nuevos materiales. A esto se le suma la cantidad de errores constructivos derivados de la innovación: *"Los detalles constructivos difícilmente pueden ser preservados y la respuesta debería ser documentarse y luego corregir el error. Cualquier reparación "like-for-like" será de dudoso valor. La corrección subraya que cualquier intervención sobre la fabrica implica una decisión entre alterar el diseño original y la falsa reproducción que conduce al detrimento del original en favor de su imagen pura"*[8]. Además, la industrialización propone frente a la artesanía materiales que se producen en serie y pueden ser reproducibles con facilidad. Este dato lleva a cuestionar el nivel de importancia de la autenticidad material en la conservación de las "máquinas de habitar", puesto que, para que una máquina funcione, las piezas se actualizan de forma constante, están en continuo cambio. Aunque, lógicamente, la conservación de los materiales juega un papel importante cuando se trata de mantener un edificio como documento histórico. Por otra parte, la fragilidad material de esta arquitectura, dificulta la existencia de fragmentos históricos, y el mantenimiento de la pátina que sitúa a un edifico en su tiempo real. Para acertar en el equilibrio de esta balanza, es importante plantearse en cada caso qué se quiere conservar, y tener presente que la historia de los materiales tiene el mismo valor que la historia del modo de expresarse que tiene el hombre a través de la espacialidad arquitectónica.

[7] ALLAN, J.(2007); "Points of Balance. Patterns of practice in the Conservation of Moderns Architecture" en MACDONALD, S., NORMANDIN, K., KINDRED, B. (Ed.); Conservation of Modern Architecture.
p. 14-46
[8] CANZIANI, A (2009): "On the Edge of modern heritage conservation" en AAVV. Conservare l'architettura. Conservazione Programmata per il Patrimonio Architettonico del XX seccolo. p. 38

En cuanto a la imagen, el Movimiento Moderno fue una vanguardia y por tanto el valor de la novedad es intrínseco a su arquitectura. La imagen pura y prístina de alguna obras del Movimiento Moderno es esencial, y no conservar ese carácter supondría atentar contra el bien a conservar.

"El desafío esta en proyectar la transformación sin traicionar la herencia que los arquitectos del Novecento nos han dejado", dice Mariscella Cascciato[9]. En la conservación de la casa como patrimonio resulta especialmente interesante la conservación activa, que acepta la evolución en el tiempo de un edificio y asume que su transformación es necesaria para mantenerlo vivo. Creo que la musealización generalizada de las casas del M.M como única opción para su conservación es un error y resulta además insostenible a largo plazo para la mayoría de ellas. Las casas modernas están hechas para vivir bien, y puesto que su forma responde a su función, parece muy oportuno tratar de mantener su función doméstica para conservar su arquitectura. Aunque en la mayoría de casos la conservación material absoluta sea imposible incluso inconveniente, existen otros elementos constructivos, espaciales, estructurales, en definitiva arquitectónicos, que ayudan a situar a una obra en su tiempo, y evitan el temido anacronismo.

El tiempo se nos escapa entre las manos decía Emilio Tuñón[10], es imposible de atrapar. Asumir las consecuencias de este hecho es la clave, también en la disciplina de la Conservación del Movimiento Moderno. Más aún en la casa unifamiliar, donde la lógica evolución de las necesidades de los sucesivos habitantes, supone la obligada transformación de la arquitectura para hacerla habitable por cada usuario. Veamos pues, si hay vida después de la muerte. Como decía Churchil *"soy optimista. No parece muy útil ser otra cosa"*.

[9] CASCIATO, M (2008): "Modern Architecture is durable: Using Change to Preserve" en The Challenge of Change. Dealing with the Legacy of the Modern Movement
[10] Conferencia impartida por Emilio Tuñón en el CIAB, Congreso Internacional de Arquitectura Blanca en el Politécnico de Valencia, en 2012.

Maquina de habitar. Casas eficientes y gobernadas por la razón.
Imagen y reflexión extraída de la tesis "Modernidad Atemporal" de Alberto Burgos.

EL *PRIMO NOVECENTO* ITALIANO. ALGO TENDRÁ QUE CAMBIAR PARA QUE NADA CAMBIE

"El progreso no consiste en aniquilar hoy el ayer, sino, al revés, en conservar aquella esencia del ayer que tuvo la virtud de crear ese hoy mejor"[11].

A continuación, recordamos la historia de tres *casos de éxito*. Tres viviendas italianas construidas por Maestros Modernos Italianos de la primera generación. Tres casas que se conservan como patrimonio del s.XX. Tres casas que se habitan como casas.

VILLA NECCHI CAMPIGLIO. Piero Portaluppi
Via Mozart 4, Milano

Estado Original

Angelo Campigli, su mujer Gigina Necchi y su hermana Nedda Necchi, eran los herederos de una importante empresa de cocinas con sede en Pavía. En 1930 se trasladaron a Milán, donde compraron una parcela céntrica para construir su vivienda. Encargaron el proyecto a Piero Portaluppi[12], arquitecto de moda del Novecento milanés y lombardo. Los propietarios dieron total libertad de presupuesto y diseño al arquitecto, cuyo proyecto contempló incluso el mobiliario y los espacios exteriores.

La parcela, de forma rectangular, tiene un pequeño requiebro al noroeste, en la vía Mozart por donde se accede. A lo largo de esta tapia, Portaluppi construyó la vivienda del guarda, convirtiendo el muro en verdadera arquitectura. La casa se sitúa en el lateral este de la parcela dejando espacio a un gran jardín con piscina. El programa se desarrolla en dos plantas y un semisótano. La zona de día discurría en planta baja

---

[11] José Ortega y Gasset. "El Espectador" 1970.
[12] Piero Portaluppi trabajó para importantes empresarios y burguesía lombarda y restauró edificios representativos en Milán como la Casa degli Atellani. Fue director de la Facultad de Arquitectura de Milán entre 1939 y 1963. Se trata de un arquitecto de elevada cultura que también es conocido por su afición a la caricatura y dibujos de arquitectura "irónica más que utópica", como el "Grattacielo S.K.N.E".

sobre elevada, con espacios grandes y representativos ideales para los propietarios que recibían a gente constantemente. Esta planta se caracterizaba por los espacios con planos correderos y sistemas de filtros que conectaban o separaban las distintas zonas interiores y estas con el exterior. En la planta primera se situaba la zona de noche. Los apartamentos-habitación se organizaban a ambos lados de una galería central cuyos muros servían de guardarropa, permitiendo la independencia entre la vida del servicio y la de los moradores. Por el exterior, la abstracción de las fachadas, de líneas simplificadas y libres de decoración advierten de la modernidad del edificio.

La particularidad más destacada en las publicaciones de la época, es la vanguardia e ingenio en los detalles constructivos e instalaciones, para maximizar el confort y bienestar de la vida en la villa. La alta calidad de los materiales muestra, en cierto modo, la relación de la familia con la industria y su apertura a la actualización y la modernidad. Todas las carpinterías eran de madera, de gran espesor y doble hoja de vidrio asegurando el aislamiento en el interior de la vivienda. Particularmente novedoso era el detalle del cerramiento de la galería; las carpinterías metálicas de grandes dimensiones y de doble hoja eran practicables eléctricamente. Además, las hojas de vidrio estaban separadas lo suficiente para disponer entre ellas una jardinera con plantas exóticas, mezclándose aún mas el interior y el exterior en esta estancia. Toda la vivienda estaba provista de calefacción, que en los espacios mas importantes de planta baja quedaba integrada en los umbrales y jambas de las grandes ventanas, siendo invisible a los ojos y asegurando la temperatura constante en la estancia. En la piscina, elemento novedoso para una casa de la época, se colocó un serpentín para calentar el agua y la renovación de la misma era automática. Respecto a los acabados, el pavimento de madera Nogal se dispuso según el eje longitudinal de la planta marcando la fluidez espacial entre estancias. Portaluppi decoró el techo del fumoir y del comedor con un bajo relieve de estrellas y signos zodiacales y el de la biblioteca con el motivo losagne tipico de su arquitectura, que también aparece en las puertas correderas que separan comedor y fumoir.

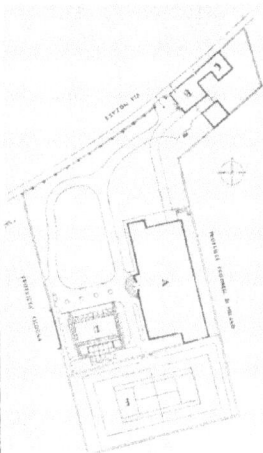

Plano de emplazamiento de Villa Necchi 1935.

Villa Necchi 1935.

Evolución y estado actual

La vivienda se usó como primera residencia hasta la 2^aGM, cuando fue expoliada y ocupada. Después de los horrores de la guerra, los propietarios consideraron que las líneas rectas y simplificadas de Portaluppi eran demasiado serias y encargaron al arquitecto Tomasso Buzzi[13], también arquitecto reconocido en Milán, un rediseño de los espacios interiores para dulcificar los ambientes. En el boudoir, Buzzi sustituyó la chimenea por otra de estilo renacentista y escondió el estucado del planetario de Portaluppi bajo varias capas de pintura blanca. En la sala de estar, cambió todo el mobiliario y revistió una de las paredes con espejos. En el comedor, Buzzi colocó barrocos tapices flamencos sobre las sencillas paredes de pergamino originales.

En 1996, la propietaria, consciente del valor histórico y cultural de su casa, la dona a la FAI (Fondo Ambiente Italiano) asegurando así su conservación. En 2001, cuando la propietaria muere, Piero Castellini se encarga del proyecto de intervención, para convertirla en museo. Esta actuación supuso el continuo debate entre mantener el edificio como documento histórico y no tocar la intervención de Buzzi o eliminar un estrato de historia y rescatar el proyecto de Portaluppi, considerado de mayor interés y representatividad. Los trabajos de restauración comenzaron con una intensa campaña de levantamiento y reconocimiento a través de distintos estudios químicos y materiales. Se limpiaron los elementos de piedra de fachadas y se restauraron los enlucidos. Se renovó la cubierta salvando algunas tejas originales que se colocaron en el faldón norte. Se restauraron todas las carpinterías y se mantuvieron los vidrios, a los que se añadió una película protectora imperceptible a los ojos como protección de los rayos UVA y convirtiéndolos en vidrios de seguridad. Respecto a la estructura, aunque se ha mantenido prácticamente inalterada, tuvieron que realizarse algunos refuerzos metálicos por el intradós del plano semienterrado y en el extradós del bajo cubierta para no alterar los ambientes principales. Para conservar

[13] Buzzi es un arquitecto que dedicó gran parte de su carrera a la arquitectura de interior. Trabajó para las embajadas italianas y otros clientes de élite. También dedicó parte de su tiempo a la enseñanza en el Politécnico de Milán como profesor de dibujo.

Antes y después sala comedor

los acabados interiores se llevaron a cabo meticulosos procesos de restauración de puertas y tabiques rematados con seda bordada, pavimentos de madera, mármol y linóleum. El proyecto contemplaba adaptar el edificio a las actuales exigencias de la normativa. Se realizaron nuevas instalaciones de calefacción, electricidad y clima, que se alojan en un nuevo volumen de hormigón armado enterrado bajo la pista de tenis. Para adaptar el edificio a la normativa contra incendios se construyó una nueva escalera en la fachada sur, recubierta por una malla metálica que con el tiempo se ha recubierto de vegetación.

Revisión de los datos de partida

Los propietarios han tenido un papel principal en la historia de esta vivienda, ellos fueron los primeros interesados en su conservación. La villa se mantuvo muy bien hasta que Gigina Necchi murió, pues era su hogar y recibió un constante mantenimiento. El nuevo uso de esta vivienda es el deseado por los propietarios, que quisieron asegurar el legado de su casa a la generaciones futuras, mediante la tutela de la FAI. En este caso, el acierto del nuevo programa como casa-museo reside, además del interés intrínseco de la casa, en haberla involucrado en un circuito cultural preestablecido, conectándola con otros edificios patrimoniales y el hecho de que se utilice como escenario de otras exposiciones. La inclusión de un pequeño restaurante junto a la pista de tenis, independiente del museo, la convierte en un lugar vivo y frecuentado habitualmente.

La restauración de esta casa demuestra la dificultad de mantenerse fiel a un único criterio global de intervención. En el interior, Portaluppi y Buzzi se reparten las estancias. ¿Qué hacer con la puerta entre fumoir y comedor?¿y en el techo de estas estancias? ¿Buzzi ó Portaluppi? En estos casos, se eliminaron las capas de pintura blanca aplicadas por Buzzi que escondían los acabados proyectados por Portaluppi. En otros, como en el salón, se ha mantenido la decoración de Buzzi sobre el telón de fondo de Portaluppi. Es remarcable la calidad de los detalles constructivos y materiales originales, que mediante trabajos de restauración han vuelto a funcionar y han favorecido la preservación de la materia auténtica.

Alzado este en 2016. Escalera contraincendios

La intervención en conjunto, podría denominarse "musealización activa"[36], adjetivo que atribuye Roberta Grignolo a las acciones de musealización que presuponen un acompañamiento y proyecto de larga duración. En esta casa se asumen transformaciones, de modo rotundo, y con un nuevo lenguaje. A su vez, se conserva la pátina que sitúa la casa en su tiempo, gracias a la conservación de los materiales de gran calidad y bien empleados. La Villa Necchi no esconde sus 85! y sigue tan alegre y resuelta como en su juventud. El resultado es un documento histórico legible. Este modo de intervenir combate la momificación que vemos en muchas casas-museo restauradas "con pincel".

VILLA BIANCA. Giuseppe Terragni
Corso Giuseppe Garibaldi 87, Seveso, Milano

Estado Original

Con 33 años, Giuseppe Terragni[14] construyó la Villa Bianca para su primo Angelo, ingeniero y propietario de una empresa de construcción. El cliente dio total libertad al arquitecto en el diseño de la vivienda. Únicamente puso dos premisas; la casa debía incorporar el mobiliario ya adquirido por Angelo y sobre la ubicación de la villa en la parcela, proponía que fuera visible desde la céntrica calle paralela.

La Villa Bianca fue proyectada en 1936 y construida en 1937 en Seveso, ciudad al norte de Milán conocida por la producción de muebles artesanales. La casa se sitúa en el lado sur de la parcela rectangular, como punto de fuga de la calle Vittorio Veneto que atraviesa la pequeña ciudad. El programa se desarrollaba en tres plantas; zona de día en la planta baja sobreelevada, zona de noche en la planta primera, y garaje, lavandería y apartamento para el servicio en la planta semienterrada. Desde la planta primera se accedia a la planta de cubiertas, a través de una terraza vinculada al dormitorio principal. *"Las paredes en el interior se colocan con libertad sobre la solera portante, ofreciendo perspectivas internas y externas dotadas de una sensibilidad artística"*[15]. La vivienda disfrutaba del entorno, a través distintos encuadres de cielo y campo, a través de muros y losas que protegen del sol y el viento. *"In questo riuscito gioco*

[14] "Amigo y camarada en la batalla por un arte puro, un arte completamente ligado al espíritu, pero que tiene como ultimo objetivo darle al mundo, a los hombres de la civilización actual, la felicidad a través del uso de todos los medios posibles que tenemos hoy a disposición, y estos medios deben ser guiados, iluminados por el espíritu; Terragni ciertamente fue de los nuestros". Así describió Le Corbusier al líder del racionalismo italiano y fundador del Gruppo 7. A pesar de su corta carrera, por su trágica muerte tras la Segunda G.M, Terragni construyó edificios clave en el panorama del Movimiento Moderno italiano como la Casa del Fascio o el asilo de Sant'Elia, ambos en Como.
[15] "Villa Bianca a Sevesso (Como)" en Costruzioni casabella 13. Diciembre 1940. p.10-14

di chiaroscuri la sua fantasia afferma il valore di un'opera d'arte"[16]. La casa se construyó con estructura de losas y muros de hormigón armado, que al llegar a cubierta se convertían en delgados pilares que sostienen dos losas en voladizo. Las ventanas alargadas, con carpinterías metálicas barnizadas en gris claro estaban rematadas con cornisas y vierteaguas de mármol Musso. El revestimiento exterior enlucido y pintado en liso, contrastaba con el acabado rugoso de las terrazas. El color exterior de la villa Bianca siempre ha sido un tema polémico, pues algunos sostienen que, como su nombre indica, la villa era completamente blanca. Sin embargo, según algunas indagaciones realizadas durante los trabajos de conservación dicen que la villa podría ser de color rosa pálido. Terragni marcó la cota 0 revistiendo el podio con piedra local. Sobre los pavimentos originales, no se ha encontrado documentación, pero a juzgar por las plantas publicadas en 1940 en Construzioni Casavella, posiblemente fueran de dos tipos; un pavimento discontinuo marcando las zonas de circulación, distinguiéndose entre exterior e interior y pavimento continuo en las estancias.

Evolución y estado actual

La casa fue habitada por la familia de Angelo hasta su muerte. Después, una cooperativa de mobiliario construyó un espacio expositivo en la parcela de al lado y la convirtió nada menos que en Restaurante Pizzeria Villa Bianca. Algunas de las modificaciones realizadas para hacer frente al nuevo uso fueron la eliminación de dos tabiques del ingreso dejando espacio a un horno de leña, modificación del baño de planta baja, hormigonado del jardín de la planta baja sobreelevada, y colocación de un letrero en la fachada norte. Sin duda, el cambio más significativo fue el color marrón con el que pintaron todas las fachadas de la villa, , que viró por completo el aspecto puro de la casa original. Ante esta situación, los hermanos Terragni escribieron una carta al Ayuntamiento de Milán, en la que reprocharon esta actuación: *"Dado que el edificio ha sido reconocido internacionalmente como de alto valor arquitectónico, me gustaría solicitar*

---

[16] "Villa Bianca a Sevesso (Como)" en Costruzioni casabella 13. Diciembre 1940. p.10-14

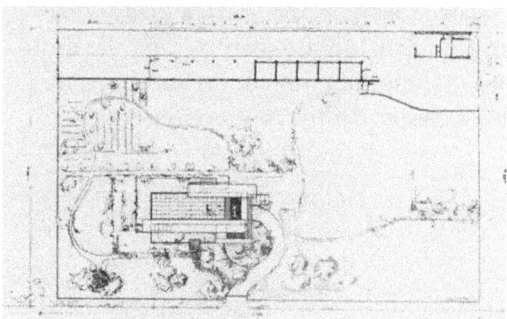

Emplazamiento de Villa Bianca

Villa Bianca

su sensibilidad para que los valores intrínsecos del edificio sean respeta-
dos y, por consiguiente, vuelvan a su color original"[17].

En los años 80, la casa quedó totalmente abandonada. En 1987, Ferruccio
Piemonti, empresario oriundo de Seveso, compró la villa en alto estado
de deterioro. Pasados unos años, Ferruccio, encargó a Mario Vender,
hijo de Claudio Vender que era un arquitecto de elevada reputación en
Milán, un proyecto para restaurarla y ponerla en uso. La primera idea fue
convertirla en galería de arte, pero la falta de financiación para el mantenimiento expositivo hizo que se desechara esta opción. A continuación, Vender propuso otro proyecto que la convertía en dos unidades de
vivienda independientes, pero finalmente Ferruccio optó por restaurarla
y convertirla en su vivienda, en la que vivió hasta su muerte.

En el primer proyecto, Vender propuso una re-estructuración del interior,
para adaptarla al uso de galería de arte. La planta baja prácticamente
no se modificaba respecto a su estado anterior como restaurante. Sin
embargo, en planta primera la propuesta contemplaba la demolición de
todas las particiones internas para convertir el espacio en un sala diá-
fana. En el segundo proyecto, Vender rediseñó la planta para alojar una
vivienda completa en planta baja y otra en planta primera. En planta baja
se mantenían los espacios tal y como estaban tras el último uso y se dis-
tribuía el programa; cocina, estar y comedor en el lado norte y habitación
con baño en el lado sur. En planta primera, se convertía lo que originalmente era la habitación de matrimonio en sala de estar, vinculada a la
terraza, incorporando una pequeña cocina donde originalmente había un
baño y en la parte sur se conservaban las dos habitaciones moviendo
algo los tabiques para agrandar el baño.

Finalmente se ejecutó el tercer proyecto, menos invasivo que los anteriores. En la memoria del proyecto[45] se señalaba:

"-Eliminación de las adiciones que desfiguran el original, fruto de interven-
ciones incautas en el tiempo.

---

[17] Carta encontrada entre la documentación del proyecto de Mario Veder. Anexa en el capítulo Anexos.

Ristorante Villa Bianca en 1988

-*Recolocación de algunos elementos de piedra despegados a lo largo del tiempo.*

-*Repristino de las impermeabilizaciones sobretodo de las "alas" y zonas de infiltración.*

-*Restauración de las carpinterías de hierro; rejas, cancela, parapetos de hierro con barniz en el color original.*

-*Eliminación de las partes de enlucido degradadas y repristinación del color original.*

Proyecto de galería de arte. 1994

En definitiva, todas las actuaciones necesarias para devolver al edificio a su aspecto original, sin añadir ni quitar ni modificar".

En cuanto al color exterior, Vender realizó estudios estratigráficos y sacó a la luz un color rosa muy pálido, que repristinó la empresa Sikkens, a pesar de una carta escrita por la familia Terragni en la que decía que el color rosado podría tratarse de un error constructivo. Las persianas enrollables, respecto a las que la Soprintendenza consideraba la repristinación, se sustituyeron por otras de nuevo diseño variando de forma desafortunada el aspecto de los huecos respecto al original. En el interior, se reconstruyeron con yeso las paredes del ingreso derruidas durante el uso como restaurante y se trasdosaron las originales para el paso de instalaciones. Se restauraron todas las carpinterías y se sustituyeron los vidrios por otros de mayor grosor. No hay información sobre el estado en el que se encontraba el pavimento original en el momento de la intervención y se pavimentó toda la vivienda con un mismo solado discontinuo, de granito gris claro. Respecto a las instalaciones, se mantuvieron los radiadores integrados en la arquitectura y se añadieron fancoils. La chimenea original se perdió cuando la villa se convirtió en restaurante y Vender diseñó en su lugar otra de líneas sencillas. Para mejorar la recogida de aguas pluviales, el arquitecto colocó dos bajantes de aluminio en el alzado oeste.

En octubre de 2016 tuve la gran fortuna de visitar la villa, acompañada de Fabio Vender y Piemonti hijo, quien contaba que no se habían realizado nuevas intervenciones desde los años 90. La casa estaba habitada por la viuda del señor Piemonti, fallecido hacía un año. La villa se percibe como un volumen puro y moderno, más grande de lo que imaginé estudiando los planos. Me acerqué a verla en distintas ocasiones y pude comprobar cómo vira levemente de color según la luz del sol; de rosáceo claro a blanco. Los espacios interconectados, entrelazados con vistas cruzadas adquieren una dimensión algo Piranesiana. Disfruté de un paseo arquitectónico, en el que los recortes de paisaje y cielo, luces y sombras dramáticas e inesperadas se sucedían durante el recorrido ascendente. Decía Le Corbusier sobre la Villa Savoye que *"es andando y desplazándonos como vemos desarrollarse la ordenación de la arquitectura...En esta casa se trata de un verdadero promenade architecturale, que ofrece aspectos constantemente variados, inesperados a veces asombro-*

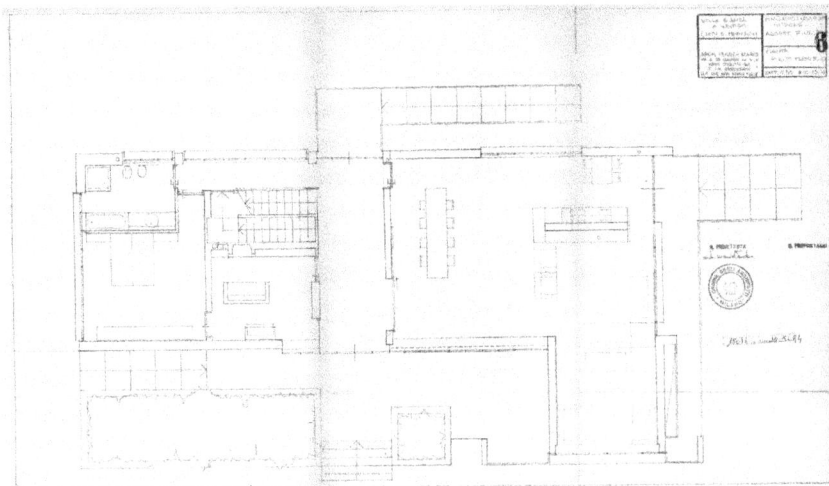

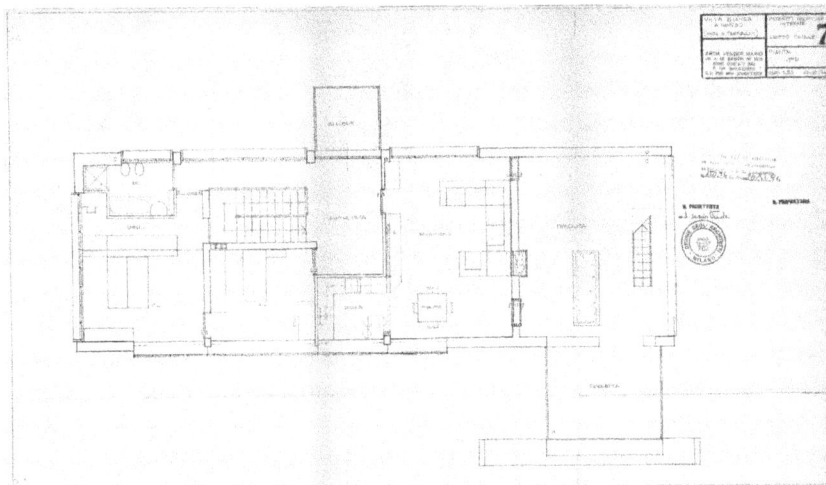

Proyecto de dos viviendas en Villa Bianca. 1994

Terraza de planta primera en 2016.

sos"[18]. La Villa Bianca poseía esta cualidad, es una construcción según el principio espacio-tiempo que Giedion atribuyó a Savoye. Atrae la libertad de la casa; los tres accesos, distintos modos de recorrerla, y la permeabilidad espacial en cada habitación. Seducía el contacto con el exterior, los encuadres del paisaje en las terrazas y cielo subrayado en la cubierta. Seduce su belleza ¡es bellísima! Es una obra de arte.

[18] LE CORBUSIER. Oeuvre complete, volumen 2 p.24

Revisión de los datos de partida

En 2016, la vivienda mantenía el uso inicial como hogar familiar. Las intervenciones realizadas respecto a la distribución, respetaban la tipología original, a la vez que favorecía los requerimientos de los nuevos propietarios. Aunque estos leves movimientos de tabiques transforman el objeto estrictamente original, cooperan con la posibilidad de que la vivienda esté habitada, fomentándose la preservación de la villa mediante la reutilización. A través de los tres proyectos de Vender se observa un "rango de juego", es decir, distintas posibilidades de intervenir en un objeto arquitectónico abandonado para llenarlo de vida. Estos tres proyectos muestran tres posibilidades de la infinidad que existen ante una obra de este tipo.

En la actualidad, la experiencia espacial queda difuminada por estores, cuadros, objetos decorativos y amueblamiento excesivo, que deslucen en cierto modo la elegante arquitectura de Terragni. Pero la casa debe responder a las necesidades materiales y espirituales de cada individuo, lo que es subjetivo y personal. Lo positivo es que todos estos ornamen-

SECCIÓN DE HUECOS DE LA FACHADA PRINCIPAL

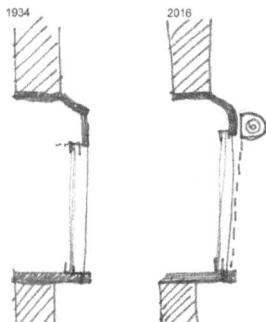

1934   2016

SECCIÓN DE HUECOS DE RESTO DE FACHADAS

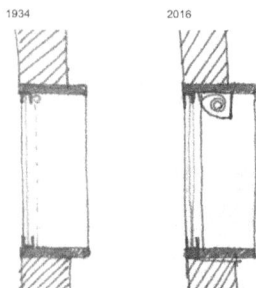

1934   2016

Croquis de la sección de los huecos
de fachada, original vs actual

Comparativa Villa Bianca 1938-2016

tos que quizás desdibujan pero no esconden la buena arquitectura que
los soporta, son reversibles. Conforme mayor es la materialidad original
perdida, menor es la percepción del aura original. En el caso de Villa
Bianca algunos elementos nuevos empobrecen el ambiente original, no
por el hecho de ser nuevos sino por no resultar los más coherentes con
la villa de Terragni. Por ejemplo, el pavimento escogido es único para
toda la vivienda. No se diferencian las zonas de circulación de las estancias tal y como se marcaba en los planos de proyecto. También la colocación de una puerta de doble vidrio para separar el hall del cuarto de
estar es un elemento que distorsiona la permeabilidad espacial original
de la casa. Parece que es necesaria una delicadeza especial, a la hora de

sustituir o simplemente colocar un material nuevo donde el original ya no existe.

La arquitectura de Terragni se caracteriza por volúmenes blancos y puros, donde los huecos son limpios y abstractos. Cualquier intervención que modifique esta cualidad, como la colocación exterior de las cajas de persiana en la ultima intervención o la modificación del color prístino y limpio cuando se convirtió en pizzería, atentan contra la herencia de Terragni. En el caso de la villa Bianca, y muchos otros casos del M.M, re-pintar la fachada del mismo color, lejos de ser un falso histórico, favorece la conservación de la esencia de la casa, que en parte reside en la imagen. ¿Es posible mantener la pátina en un edificio del Movimiento Moderno? Según la R.A.E, la cuarta acepción para la palabra pátina es "carácter indefinible que con el tiempo adquieren ciertas cosas". En el caso de villa Bianca, la pátina de la pintura original ha desaparecido puesto que ha sido necesario rehacer el material en si. Sin embargo, el cuidado que se ha tenido en la conservación de algunos elementos originales (carpinterías, piedras de revestimientos y elementos singulares), ha favorecido que la villa Bianca se sitúe en su tiempo, y se muestre como una casa moderna que ya tiene 80 años.

VILLA FIGINI. Luigi Figini
Via Perrone di San Martino 8, Villaggio dei Giornalisti, Milano

Estado Original

Con tan solo 31 años, Luigi Figini[19] proyectó esta casa para el y su mujer, la fotógrafa Gege Bottinelli. Como apunta Fulvio Irace *"se trata de un proyecto costoso para un arquitecto ya que se asemeja a un autorretrato"*.

La parcela, de forma rectangular y eje principal norte-sur de aproximadamente 300 m2, se sitúa en el Villaggio dei giornalisti, barrio al noroeste de Milán. Cuando se construyó la casa, el entorno era un prado de girasoles que poco a poco fue colmatándose de edificaciones de carácter fundamentalmente unifamiliar. La vivienda hace referencia a los 5 puntos propuestos por Le Corbusier en la villa Savoye un par de años antes aunque en este caso se trata de una vivienda mínima. La casa se organizaba en dos plantas; zona de día y servicios en planta baja sobre pilotis y zona de noche en planta primera.

Figini describía la vivienda como un recorrido en el que se entremezclan los espacios interiores y exteriores. Cada zona interior se relaciona con otra exterior. *"Sconfinare dall'interno verso l'esterno, continuare negli esterni gli ambienti interni, collegandoli, sommandolo, confondendoli. Una casa – un parallelepipedo. Le quattro pareti e il soffitto formati da un reticolo di elementi unitari di cristallo, inscatolandolo. Ad ogni elemento vetrato corrisponde, per sovrapposizione, un elemento di imposta"[20]*. La orientación de la vivienda influyó significativamente en el proceso pro-

---

[19] Luigi Figini fue uno de los miembros del Gruppo 7 y del MIAR (Movimento Italiano per l'Architettura Razionale) participando en las batallas para la implantación de la arquitectura moderna en Italia. Ejerció la profesión junto con el arquitecto Pollini, con quien construyó obras emblemáticas como, la casa Eléctrica para la IV Bienal de Arte Decorativa en Monza en 1930, Casa para un artista en la V Trienal de Milán en 1933 ó la Sede Olivetti entre 1934 y 1935.
[20] FIGINI, L (1936): "L'abitazione di un architetto" en Domus, no. 99, pp. 1-7

Villa Figini

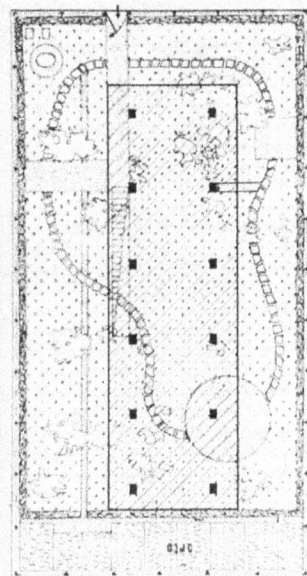

Emplazamiento villa Figini

45

yectual. Las entradas de luz en cada una de las estancias, a las diferentes horas del día están especialmente estudiadas.

Respecto a la materialidad, la estructura estaba conformada a base de vigas y pilares equidistantes de hormigón armado. Los cerramientos estaban ejecutados con bloques ligeros y aislantes de pómez. En las distintas revistas especializadas en las que fue publicada, Figini dedicó gran parte del texto a definir los acabados de la vivienda. El pavimento de la escalera exterior y del salón-comedor, eran de mármol Lasa color amarillo-rosa. Figini utilizó el color verde en distintas intensidades, probablemente para subrayar la relación interior-exterior de la casa. Por eso, las paredes de la sala de estar eran verde claro, igual que la terraza con la que comunica. También pintó de verde las carpinterías de madera. El exterior de la vivienda estaba enlucido de blanco liso, mientras que las terrazas interiores color verde claro tenían un acabado rugoso. En cuanto a las instalaciones, la sala estaba dotada de un sistema de calefacción similar al actual suelo radiante. Figini colocó serpentinas de agua caliente en la cámara de aire, situadas bajo la zona de la mesa de comer y en el diván. Además se instalaron radiadores integrados en la arquitectura. Por otra parte, el muro en el que se apoya la escalera contenía un acuario integrado, que cuando se vaciaba regaba directamente las plantas de la terraza.

Villa Figini. Interior

Villa Figini. Terraza

Evolución y estado actual

Desde 1934 Figini vivió en esta casa junto a su esposa. Aparte de los trabajos lógicos de mantenimiento, los Figini incluyeron la instalación de refrigeración alrededor de los años 60. Luigi y Gege Figini mueren en 1984 dejando la casa a su sobrino, el doctor Alessandro Figini quien la habita actualmente junto a su esposa.

El invierno de 1985 fue especialmente duro en Milán. Las instalaciones de fontanería y saneamiento de la vivienda se bloquearon y se dañaron por el hielo. La primera intervención de conservación, se realizó motivada por este suceso y afectó principalmente a estas instalaciones, que se sustituyeron en su totalidad. No se recuperó la instalación de calefacción que había bajo la mesa y bajo el sofá, ya que esto habría supuesto levantar todo el pavimento de la sala. Como solución, se rellenaron con poliuretano las tuberías por donde circulaba agua haciendo pequeños agujeros al forjado por abajo. También se revisó la cubierta, y se colocó una nueva tela asfáltica para asegurar su impermeabilización. Estos trabajos supusieron la pérdida de algunas zonas de pavimento, que necesariamente tuvieron que levantarse para actuar sobre las instalaciones. Mientras se realizaban estos trabajos, los muebles fueron desmontados, llevados a un depósito, restaurados y colocados tal y como estaban en el origen. Las carpinterías se mantuvieron en buen estado y se sustituyeron los vidrios simples por doble vidrio. Respecto a los acabados, los señores Figini cuentan[21] que las paredes habían sido sucesivamente emblanquecidas y dado que no encontraron el color original, decidieron pintarlas de blanco. Respecto al programa, se conservó cada estancia tal y como era. Se hicieron algunas modificaciones puntuales en el baño de planta primera para colocar una ducha y en la cocina para instalar una nueva lavadora y frigorífico. Luigi Figini había previsto el modo de ampliar la vivienda en caso de necesidad y lo dejó especificado antes de morir. La estructura que delimita la terraza, que se usaba como gimnasio, podría cerrarse y convertirse en un espacio interno. Esta actuación nunca se consideró necesaria y no se ha realizado.

[21] Entrevista realizada a los propietarios Alessandro y Liliana Figini el 16 de Noviembre del 2016 en el Politecnico di Milano

En 1991,los propietarios encargaron a la arquitecta Marguerita De Carli una intervención general para consolidar, restaurar y reintegrar el exterior de la villa. Según la arquitecta se trata de una intervención de recomposición tal y como era en el origen. El crecimiento de la vegetación actuó como "protector" ante las construcciones circundantes, preservando así la sensación de estar en un entorno verde. En el interior, también se realizaron algunas actuaciones. Los propietarios encargaron al reconocido artesano Bagatti la repristinación de las lámparas y manillas de puertas que habían desaparecido.Finalmente, en 2015, Amadeo Bellini, arquitecto y Professore de Restauración Arquitectónica en el Politécnico de Milán, realizó una valoración general del estado de la casa. Bellini propuso tres líneas de trabajo a iniciar; la necesidad de inspeccionar la cimentación, la necesidad de restaurar los enlucidos, deteriorados por manchas orgánicas y alguna fisura, bajo el criterio de la conservación de la materia original sin dañar las huellas del tiempo del material a preservar y la repristinación de las carpinterías externas de madera. Se comenzó por esta última, y a pesar de que se plantearon la restauración, finalmente se optó por la repristinación debido a la gran diferencia económica. Las carpinterías se rehicieron con el mismo material leñoso y se pintaron con pinturas acrílicas para que el tono, idéntico al original, no variara con el tiempo, lo que actualmente contrasta llamativamente al estar colocadas junto al envejecido y sucio enlucido de las fachadas.

Un matrimonio perfecto

Aunque desde el exterior la casa parece envejecida, el interior de la vivienda se ha mantenido intacta en el tiempo. El hecho de que la casa haya pasado directamente de manos del arquitecto original al sobrino, que posee una alta conciencia cultural e histórica sobre su vivienda ha favorecido este acontecimiento. En global, la intención de los propietarios y el criterio de actuación de los arquitectos en esta casa ha sido la reconstrucción, la recuperación de la imagen original. Los propietarios perciben su casa como una obra de arte y el conocimiento y aprecio hacia el edificio han prevalecido frente a posibles comodidades incluso necesidades domésticas, como la falta de espacio de almacenamiento, que hubieran supuesto una posible transformación del inmueble. Esta casa se aproxima a lo que

Villa Figini en 1936 y 2016

Allan denomina *"matrimonio perfecto"*[22], que sucede cuando los deseos del dueño coinciden a la perfección con la conservación del objeto como documento histórico. Durante una entrevista, los propietarios me contaban que habían querido conservar hasta los libros y pinturas que Luigi Figini tenía en su estantería. Esta conservación extrema los ha llevado a disponer de otra vivienda donde almacenar sus cosas, por la falta de espacio en Villa Figini ¿Es compatible la melancolía del pasado con la vida presente? Una casa perfectamente reconstruida pero tensamente habitada podría complicar su corriente mantenimiento y su gozosa preservación.

---

[22] *"Ideal marriages...that is, a situation where a listed building and an owner (and their budget) are perfectly suited to each other"* ALLAN, J (2007): "Points of Balance. Patterns of practice in the Conservation of Moderns Architecture" en Conservation of Modern Architecture. P.32

CAPERUCITA ROJA Y EL TIEMPO FEROZ

Érase una vez, una niña que quería mucho a su casita, pues era bella, confortable y moderna. La tecnología puntera hacía muy querida a la Villa Necchi. El volumen puro y el agradable paseo arquitectónico hacían virtuosa a la Villa Bianca. El recuerdo a Corbu y los mínimos espacios interiores que se convertían en amplias habitaciones exteriores hacían de la pequeña Villa Figini algo muy especial.

El tiempo feroz, había vencido alrededor del mundo a las casas icono, despojándolas de su función. Aquellas casas funcionales! Y va, y resulta que ya no funcionan. Entonces, tres *vincitoras* italianas, tres modernas casas de 80 años, aparecieron vivas! Necchi, Bianca y Figini, tres casas modernas, preciadas y habitadas. Y es que ya saben, *in bocca al lupo...* *Crepi il lupo!*

Repasamos estas tres historias en busca de la clave de su victoria.

Función

En los tres casos, las necesidades de los propietarios originales no han cambiado respecto a las de los actuales, o bien, ha prevalecido la voluntad de que la arquitectura permaneciera frente los nuevos modos de vida. Solo han sido necesarios mínimos ajustes de distribución, principalmente en las dimensiones de los baños. Hemos visto que los periodos en que las villas no han sido utilizadas como casas han supuesto un grave deterioro. El abandono durante la guerra en Villa Necchi, el restaurante en Villa Bianca, y el breve tiempo en desuso en Villa Figini tras la muerte del arquitecto, fueron etapas de degradación y riesgo. La recuperación del uso doméstico para el que fueron creadas ha favorecido su conservación. Por otra parte, no podemos obviar que estas magníficas casas, suscitan como poco, curiosidad y lo lógico es que estas puedan ser visitables, al menos de forma puntual. Esta cuestión no es incompatible con el uso de vivienda. Así sucede en la Casa Mairea de Alvar Aalto que está acondicionada para recibir visitas bajo reserva. La Villa Bianca, hasta hace pocos años, también era visitable ciertos días del año que el Ayuntamiento dedicaba a la cultura y al arte, actividad a la que su dueño orgulloso de su casa, accedía gustosamente.

0. DATOS GENERALES			VILLA NECCHI	VILLA BIANCA	VILLA FIGINI
			P.Portaluppi 1932-1935 Via Mozart 4,Milano Gigina y Nedda Necchi	G. Terragni 1937 Corso G. Garibaldi 87, Seveso, Milano Angelo Terragni	L.Figini 1933-1935 Via Perrone di S. Martino 8. Milano Luigi Figini, gege Bottinelli
3. ANÁLISIS DE LOS RESULTADOS. ESTADO DE PRESERVACIÓN	3.1. PORQUÉ: Nivel de protección		2001. Bene FAI	1988. Bien de Interés Histórico y Artístico	1992. Bien de Interés Histórico y Artístico
	3.2. COMO	3.2.1 Permanencia del uso	1935-2001 Vivienda hermanas Necchi 2001-actualidad Museo	1937-1960 aprox Vivienda familia Angelo Terragni 1962-1980(aprox) Restaurante 1995-actualidad Vivienda familia Ferruccio Piemonti	1935-1985 Vivienda matrimonio Luigi Figini 1985-actualidad Vivienda matrimonio Alessandro Figini
		3.2.2 Existencia de monumento como documento histórico	si	no	si
		-Permanencia autenticidad material	alta	baja	media
		-Permanencia imagen original	alta	media	alta
		3.2.3 Permanencia de la caricatura. Permanencia del objeto arquitectónico	si	Difuso, pero sería recuperable	si
			Avanzada tecnología y modernidad Huellas de Portaluppi+Huellas Buzzi	Imagen pura Promenade architecturale. Riqueza espacial	Imagen pura Relación ext-int Vivienda mínima

Comparativa Conservación de villa Necchi, Bianca y Figini

Materia

La autenticidad material es clave para situar una arquitectura en su tiempo ¿Se percibe el paso del tiempo, la pátina o aura[23] en estas casas modernas? La villa Necchi es quizás la mas sincera de las tres, pues la mayor parte de sus acabados son los originales restaurados, su pátina hace que se perciba el tiempo y se distingan de lo nuevo. En villa Bianca sucede que pocos de sus acabados son originales, y aunque la espacialidad permanece intacta, esto se nota. En villa Figini ocurre que parte de lo que se percibe como original no lo es, y por tanto se exagera un tiempo pasado que en realidad es presente. La vía ideal sería restaurar los elementos que permanecen y los que no, ejecutarlos nuevos sin generar conflicto con el original que se pretende preservar. Existen numeroso ejemplos[24] de este modo de proceder en arquitecturas no domésticas y de siglos anteriores, en el que las actuaciones son claras y reconocibles y adaptan al edificio a su función sin ser irrespetuosas con la preexistencia, pero formando parte viva de la historia del edificio. Francesco Doglioni[25] realiza una revisión de la palabra restauración a través de las distintas perspectivas de expertos. La primera de las afirmaciones, de Giovanni Carbonara, dice: "*Il restauro è una attività concettualmente disciplinata che cura il miglioramento delle condizioni di efficienza, sicurezza e fruibilità attuale di una architettura ora degradata alla quale attribuiamo oggi valore di civiltà, e che la conserva in quanto a tale*". El grado de materia auténtica, que es decisiva en la conservación del aura, debe equilibrarse con uno de los objetivos de la restauración, que es la mejora de las condiciones de la arquitectura para permitir su pervivencia.

---

[23] Francesco Doglioni hace referencia con este térmico a lo que Ruskin denominó "alta resonancia" ó "serena autorità" de una fábrica que alberga los signos del paso del tiempo. (DOLGIONI:2008)

[24] Uno de los últimos numero de la revista Arquitectura Viva presenta tres proyectos en los que "las huellas del pasado se convierten en patrones del proyecto". Arquitectura Viva no190 History Pattern: OMA, Perrault y Herzong&de Meuron, presenta tres proyectos "que usan diferentes patrones de intervención en el patrimonio, inscribiéndose como un nuevo capítulo en la historia viva de los respectivos edificios".

[25] DOGLIONI, F (2008): Nel Restauro. Progetti per le architetture del passato. Ed. Marsilio. Venezia

Imagen

"Nada de charlatanería; ordenación, idea única, audacia y unidad de construcción, empleo de los prismas rectangulares. Sana moralidad"[26] decía Le Corbusier. Las tres viviendas aparecen al espectador como casas del siglo XX, en gran parte porque su composición y volumetría pura no se ha desfigurado. En villa Bianca y villa Figini, resulta imprescindible el mantenimiento de la imagen original, pura y blanca, para el entendimiento de la arquitectura a preservar. Las fachadas de la villa Bianca se han repintado del mismo color original, eliminando la pátina que pudiera existir, prevaleciendo la imagen pura a la conservación de la materia y del objeto como documento histórico. En estos casos se debe prestar especial atención al resto de elementos como carpinterías o elementos de oscurecimiento, que sí pueden conservarse auténticos evitando la reconstrucción total de la imagen. En villa Figini se ha conservado el enlucido visto original, pero las carpinterías se reconstruyeron tal y como eran debido al elevado coste económico de la restauración, de modo que el conjunto como documento histórico no puede leerse con claridad. El patrimonio del s.XX, como la arquitectura de siglos anteriores, es un documento histórico y las actuaciones de hoy además de poner en valor el original que se quiere legar, deben ser diferenciables y legibles como una nueva página en la historia. Al hilo de esta reflexión sobre el monumento como documento histórico aparece el concepto de fragmento ¿Tiene el mismo valor el fragmento de un fresco de la Catedral de San Zeno en Verona que el fragmento de un mortero u hormigón de una obra del s.XX? La restauración de la Scuola del Libro de Giancarlo di Carlo sirve como objeto de reflexión. Sus fachadas de hormigón visto se degradaron, iniciándose un proceso de carbonatación que podría dañar a las armaduras y crear un problema estructural. La intervención consistió en limpiar y pasivar las zonas dañadas y repris-

---

[26] Le Corbuiser (1923): Hacia una arquitectura. "Nada de charlatanería; ordenación, idea única, audacia y unidad de construcción, empleo de los prismas rectangulares. Sana moralidad" (Arquitectura: lección de Roma). "Nuestros ojos están hechos para ver formas bajo la luz. Las formas primarias son las formas bellas puesto que se leen con claridad". (Tres advertencias a los señores Arquitectos. El volumen)

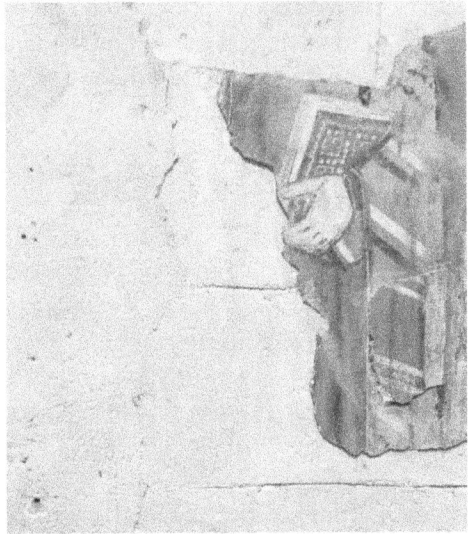

Concepto de fragmento: Muro como documento histório en el Castillo de Verona, detalle de la pintura mural de la Catedral de San Zeno en Verona y Scuola del Libro de Giancarlo di Carlo.

tinar el material, siguiendo dos motivaciones; recrear un único soporte entre original y nuevo y garantizar la protección frente a la carbonatación. Para diferenciar claramente el material nuevo del viejo se biselan los bordes creando una especie de recuadro en las integraciones que además tienen una textura diferente. Este criterio podría ser comparable al de la restauración de pinturas murales, en las que la reintegración volumétrica de los faltantes y grietas se realiza para devolver una lectura al conjunto de la obra y para añadir solidez a los bordes de las lagunas evitando nuevas perdidas. ¿Es esto generalizable y aceptable para los acabados de las arquitectura del siglo XX? El fragmento en una pintura mural tiene el valor de "único", pues proviene de la artesanía. Por el contrario, el fragmento de un enlucido o de hormigón de una obra del s. XX, proviene de la industria, cuyo valor es precisamente la rapidez de fabricación y posibilidad de reposición. En cambio, las formas puras y prístinas sí son valores propios de la arquitectura del s.XX. En estos casos, el global es más significativo que el fragmento.

Sigamos con el relato de la niña y su casita. ¿Qué es lo que sucedió para que las italianas resultaran vencedoras en la batalla con el tiempo feroz? ¿cuál fue la clave? ¿Fue la niña quien las protegió y salvó? Efectivamente, en primer lugar, nada habría sido posible sin caperucita ó los acérrimos propietarios, que conscientes del valor cultural de sus inmuebles, quisieron asegurar y legar lo heredado. Es necesaria cierta sensibilidad o cultura y conocimiento sobre el valor del bien que se posee. Tal y como apuntó Reichlin durante una entrevista, el valor inmobiliario de estas villas tiene consecuencias selectivas sobre quien las habita, pero esta clientela existe y las habita sin problema. Por desgracia, no podemos partir de esta premisa, no se puede confiar la preservación de una vivienda a la libertad de sus propietarios, como se ha podido comprobar en el caso de la demolición de la casa Guzmán[27] o la gran cantidad de casas en venta a merced de quien las compre, como la Casa Huarte de Corrales y Molezún. Por ello, la protección oficial de las viviendas es un

---

[27] "La tiré porque era mía". Este fue el titular de los periódicos de la mañana del 17 de Enero de 2017. Enrique Guzmán hijo había demolido una joya de la arquitectura moderna española sin ningún impedimento.

La razón y la pasión. El pasado y el presente. La conservación y la construcción. Conceptos que funcionan mejor juntos que separados. (Boceto de Le Corbusier)

Venecia y Pekín. La regresión y la evolución

factor clave en la preservación de las mismas. Las tres casas estudiadas fueron protegidas; Villa Necchi es Bene FAI[28] desde 2001, Villa Bianca y Villa Figini son Bienes de Interés Histórico y Artístico desde 1988 y 1992 respectivamente. La existencia de un organismo superior cualificado asegura que no se sobrepasen ciertos limites, asegura la permanencia del bien, independientemente de la voluntad del propietario o del arquitecto. Por último, hemos visto que mantener la vida en una casa de un tiempo pasado requiere una intervención, y ésta por mínima que sea supone una transformación. Se puede modificar la materia, la imagen, la espacialidad o la combinación de todas estas facetas pero la transformación debe surgir del razonamiento lógico de la obra original para no traicionarla. Reichlin lo resume diciendo que es necesario *"progettare in modo inteligente"* y López Cotelo *"jugar con las leyes de la inteligencia de lo que ya existe"*.

---

[28] Il FAI è una fondazione senza scopo di lucro nata nel 1975, sul modello del National Trust, con il fine di tutelare e valorizzare il patrimonio storico, artistico e paesaggistico italiano.

"Should China save Venice? Could one modernizing nation pay another nation not to change?"[29]. Con esta provocadora pregunta, Rem Koolhas incita a pensar sobre como estamos afrontando la conservación del patrimonio. En la exposición Cronocaos en la Bienal de Venecia del 2010, el creador de OMA analizó como en un mundo de desarrollo donde el planeta evoluciona y cambia a gran velocidad, existe un porcentaje del mundo declarado inmutable *"inaccesible y rendido a regímenes desconocidos en los que no podemos influir"*[30]. La preservación no debe ser contraria a la idea de modernización. Lo viejo se potencia y valoriza junto con lo nuevo. Esta es la cuestión que debemos aceptar y defender en la conservación de la casa moderna. De otro modo, ya se sabe cual es el final; la momificación de Villa Savoye, Tugendhat o Kaufmann, destinos imposibles para la mayoría de las casas patrimonio del s.XX.

Cuidado, que viene el lobo!

[29] OMA (2010): Cronocaos.
[30] OMA (2010): http://oma.eu/projects/venice-biennale-2010-cronocaos

MI CASA ES DE SOTA

"El procedimiento para hacer una arquitectura lógica es bueno: se plantea un problema en toda su extensión; se ordenan todos los datos, que se hacen exhaustivos teniendo en cuenta todos los posibles puntos de vista existentes. Se estudian todas las posibilidades materiales de construir lo resuelto en lo que ya han entrado estas posibilidades. Un resultado obtenido: si es serio y si es verdad el camino recorrido, el resultado es arquitectura"[31]. Alejandro de la Sota es uno de los maestros de la Arquitectura Española del siglo XX. Campo Baeza tituló "Lacónico Sota" a su último libro dedicado al arquitecto. Kenneth Frampton lo bautizó "Maestro de Esencias". Ya se ve, que Sota poseía y desprendía esa sencillez propia del sabio, capaz de expresar todo su conocimiento en los trazos justos, de lógica verdadera y llenos de sentido del humor. Como una buena caricatura.

Alejandro de la Sota nació en Pontevedra el 20 de Octubre de 1913. Fue un gran aficionado a la música y al dibujo y un audaz caricaturista. En 1941, se licenció como Arquitecto en Madrid y desde 1956 hasta 1972 fue profesor de Proyectos y de Composición en la Escuela de Arquitectura de Madrid. Impartió clases y conferencias en reconocidas universidades como la Architectural Association de Londres ó la Universidad de Harvard. Publicó numerosos escritos sobre su pensamiento y obra y fue distinguido con premios a lo largo de toda su carrera como el Premio Nacional de Arquitectura en 1973 o la Medalla de Oro al Mérito de la Real Academia de Bellas Artes de San Fernando. Murió el 14 de Febrero de 1996.

Alejandro de la Sota partía de cero en cada uno de sus proyectos, dejando fuera los estereotipos y aproximándose a un conocimiento real de las necesidades. Defendía que la arquitectura es conformadora de conductas y siempre perseguía que en su arquitectura *se estuviera bien*. Este objetivo exigía el conocimiento profundo del hombre. Dedicaba tiempo a la reflexión, la observación y el aprendizaje previo en cada uno de sus proyectos, para después dibujar solamente lo necesario. Un día llegó al

---

[31] De la Sota, Alejandro: "Por una arquitectura lógica" en Quaderns d'Arquitectura i Urbanisme, pp.12-13. Recogido en Puente, Moisésp.70

estudio de D. Alejandro un estudiante buscando consejo sobre como hacer arquitectura. Sota le dijo *"Compra un cuaderno. En las páginas pares anotas todo lo que vas encontrando en el medio en que te desenvuelves, en los ambientes que visitas, aquello que te resulta grato. En las impares lo que verdaderamente te moleste. Naturalmente seguidas unas y otras anotaciones de un análisis del porqué. En el primer problema que tengas que resolver usas las notas del cuaderno y el resultado puede ser provechoso"*[32]. Esta actitud le llevó a proyectar con los materiales, desde las cualidades esenciales de los mismos. Veía atributos en materiales externos a la arquitectura y los utilizaba en sus edificios. Por ejemplo, encontró referencia en un mástil para hacer barandillas, colocó aislamiento térmico de virutas como falso techo visto, y utilizó vidrio y carpinterías propias de los autobuses o ferrocarriles.

Moisés Puente distinguió tres etapas en la vida profesional de Alejandro de la Sota; arquitectura plástica, arquitectura física y el arresto domiciliario, separadas por dos parones. En la primera época de su vida como arquitecto, Sota realizó una serie de encargos del Instituto Nacional de Colonización como el pueblo de Esquivel en Sevilla o el poblado de Absorción Fuencarral B en Madrid. En ellos buscó hacer *"lo mas nada posible"*, copiar la sencillez de la arquitectura popular. La obra clave de este periodo quizás sea la Casa Aversú, en la que se olvidó de la fachada y decidió vivir para adentro, cara a la buena orientación y de espaldas a la calle. En 1955 Sota dejó de trabajar voluntariamente para pensar qué camino debía tomar en su arquitectura. Durante este paréntesis cayó en sus manos el libro de Marcel Breuer "Sun and Shadow". Sota conocía la arquitectura norteamericana y decidió apostar por una arquitectura física en vez de química. *"Vi con claridad cómo ellos usaron los nuevos materiales y cómo llegaban a una Arquitectura que yo a mi manera llamé «física» entendiendo esta cualidad como la unión de elementos distintos para que juntos se obtenga un tercero nuevo que, sin perder ninguna de las propiedades de los que se habían unido, tenga unas absolutamente nuevas"*[33].
A finales de los años 50, se abrió paso la segunda época, la de mayor

---

[32] DE LA SOTA, A. Alejandro de la Sota. Arquitecto. Madrid: Pronaos., 1989, p.p 17
[33] DE LA SOTA, A (1989): "Alejandro de la Sota. Arquitecto". Madrid: Pronaos.p.16

Caricatura de Sota dibujada por Sota
©Fundación Alejandro de la Sota

actividad y desarrollo y cuando construyó las obras más célebres. En la construcción de los Talleres Aeronáuticas TABSA en 1957, experimentó el trabajo en colaboración con los ingenieros, lo que le abrió la puerta al mundo de la industria del que tomó tantas referencias. Ese mismo año construyó el Gobierno Civil de Tarragona, obra que ganó por concurso dos años antes. El edificio combina el programa administrativo con el doméstico sin olvidar la función representativa. La composición de la fachada juega con el equilibrio de los huecos entorno al eje central. A pesar de la obligación de utilizar piedra en la fachada, consiguió una apariencia liviana y de vanguardia gracias a esa actitud desprendida que le llevó a la reinterpretación de las técnicas y materiales constructivos. En 1961 construyó el Gimnasio Maravillas, obra magistral donde consiguió "dar liebre por gato". Cubriendo el gimnasio con una cercha invertida aprovecha el espacio que esta le da para aumentar el numero de aulas y ampliar el patio de juegos. "Entonces se resolvió un problema y sigue funcionando y me parece que nadie echa en falta la arquitectura que no tiene" dijo Alejandro a propósito de esta obra en 1985. En este periodo comenzó la exploración en el mundo de la prefabricación del hormigón con la Casa Varela que actuó como germen, como *"tubo de ensayo para grandes experiencias"*, para otros proyectos. La tercera etapa, comenzó a principios de los 70 con otro parón en su carrera en el que adoptó una actitud de denuncia ante la arquitectura de autor proliferante alejada de la actitud de servicio. Alejandro dejó de mirar revistas de arquitectura para centrarse en folletos de materiales constructivos nuevos, experimentando un proceso de "despojamiento de la arquitectura" y trabajando con materiales ligeros, con los que construyó obras como la Casa Domínguez, la Caja Postal de Ahorros de Madrid o el edifico de Correos y Telecomunicaciones de León. Los Grandes Maestros fueron referencia para Sota, quien supo entender su mensaje poniéndolo en práctica a través del razonamiento y nunca a través de la copia. Mies van der Rohe dijo cuando le preguntaron si estaba influido por la arquitectura japonesa: *"Nunca he visto ninguna arquitectura japonesa. Nunca he estado en Japón. En nuestro despacho hacemos las cosas con la razón. Quizás los japoneses hagan igual"*[34]. Wright defendía *"Acostumbrarse a pensar siempre en el por qué respecto a cualquier efecto que les agrade o les desagrade"*[35]. Alvar Aalto explicaba que la premisa principal de la arquitectura debía ser el hombre: *"Nosotros construimos para los hombres y es a ellos a quienes, principalmente, debemos atender. Procurando no coartar ni poner trabas al libre ejercicio de su libertad"*. Sota hizo suyo el mensaje de los Grandes Maestros: *"Desde mis primeros años de profesión entendí que todo giraba en ese "estar bien", entendía que tenías que albergar a gente para que estuviera bien"*[36].

A continuación relatamos cuatro historias, una por cada casa de Alejandro de la Sota. Observaremos el ayer y el hoy de cuatro casas modernas. Desvelado el triste final de las casas icono que se convirtieron en momias, y entusiasmados con los casos italianos que lograron vencer al tiempo, todas ellas historias de inicios del siglo XX, resulta inquietante

[34] VAN DER ROHE, M; "Escritos, diálogos y discursos". Murcia: Colegio Oficial de Aparejadores y Arquitectos Técnicos de Murcia. Comisión de Cultura, 1981.
[35] WRIGHT, F.L: "Al joven que se dedica a la arquitectura" citado por DE LA SOTA, A.: "Alumnos de arquitectura" en DE LA SOTA, A.: op. cit . 2002, p.38
[36] DE LA SOTA, A.(1987): "El Espíritu de un verdadero moderno" Entrevista con Pilar Rubio en Lápiz 42. En DE LA SOTA, A.(2002): op. cit .p.110

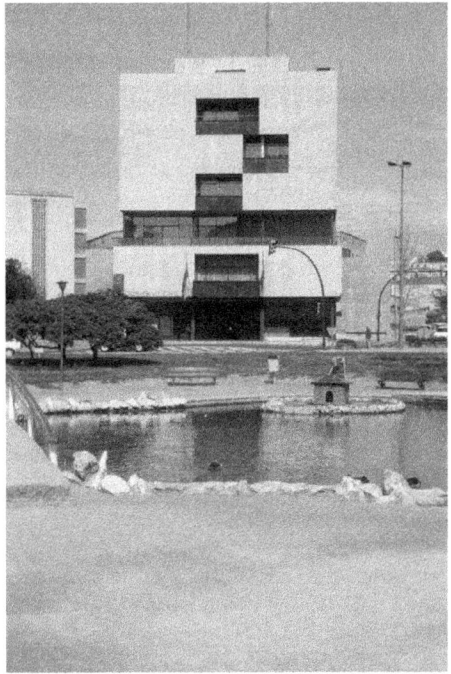

Gobierno Civil de Tarragona

conocer cómo habrán evolucionado estas cuatro casas de Sota hechas para "estar bien", en los años 60-70 ¿Habrán conseguido vencer el primer cambio generacional de los propietarios? ¿seguirán vivas ó estarán agonizando? No haré un spoiler, pero les adelanto que estos trailer no son aptos para conservacionistas hipertensos.

LA INVOLUCIÓN DE LA CASA VELÁZQUEZ

"Un buen día deje de trabajar y procuré pensar libremente en lo que hacía y se hacía. Ese mismo día empezaron a desprenderse tantos añadidos que a cualquier pensamiento serio sobre arquitectura se abrazaban, se pegaban como autenticas lapas, crustáceos. El resultado limpio era atractivo y pensé que también podría llamarse Arquitectura, tal vez arquitectura, y disfruté con esa a minúscula, ya que me bastaba para resolver: ordenación del mundo en donde desarrollamos nuestra vida"[37]

Estado original

En 1959 la hija del Doctor Benigno Velázquez encargó una casa para sus padres donde pasar las vacaciones. Escogieron a Alejandro de la Sota por ser un arquitecto reconocido. Deseaban una casa alejada del ruido de la ciudad en la que pudieran alojarse junto a su hija, su yerno, y sus cinco nietos. La casa se sitúa en Pozuelo de Alarcón, en la Calle Doctor Velázquez nº5, casualmente denominada igual que el propietario. La parcela, de aproximadamente 760 m2, lindaba con otras dos que también eran del Dr. Velázquez, pero que no se utilizaron para la construcción de la vivienda. El lugar de orografía suave y salpicado por arroyos de aguas claras era una zona de tradición vacacional poblada por casas de veraneo conocidas como "hoteles", que en la actualidad se han convertido en casas de primera residencia.

Entre los planos estudiados en la Fundación Alejandro de la Sota, se distinguen dos proyectos, ambos datados en Marzo de 1959. El inicial, coronado por una pequeña biblioteca en una segunda planta y cubiertas inclinadas, y el construido de solo planta baja y primera y con cubiertas planas. La vivienda se ubica en el lado noroeste de la parcela, dejan-

[37] A. de la Sota. Sin fecha, Arquitectura y arquitectura

Emplazamiento Casa Velázquez.

Patio interior de la Casa Velázquez.
©Fundación Alejandro de la Sota

do libre la zona sureste para el jardín y la piscina. Se entraba desde la Calle Doctor Velázquez, dejando el coche en el garaje medio enterrado antes de atravesar el jardín y llegar a casa. El programa se organizaba en sección; zona de día en planta baja muy en contacto con el exterior y zona de noche en planta alta. La planta baja se dividía en dos zonas; un amplio estar-comedor flanqueado por un patio al norte y el jardín al sur, y una zona de servicios con patio y acceso directos e independientes desde la calle. En la zona de noche, los dormitorios se organizaban entorno a una galería común y Sota construyó por primera vez los *"dormitorios-nicho"*, de dimensiones justas para dos camas y dos armarios, cuyas puertas según su posición sirven de puertas del dormitorio o del armario. Una genial idea para abrir o cerrar la zona de dormir a la galería común, que sirve de zona de juegos o de estudio. En paralelo, discurría una terraza en la que parece que se dispusieron unos perfiles donde colocar lonas o enredaderas para protegerla del sol. A un extremo y otro se situaban una habitación con baño para los padres y un mini-apartamento para los abuelos, cuya sala de estar es ampliable mediante una pared plegable a la sala del vestíbulo de la escalera. Durante una visita realizada en Noviembre del 2014, el nieto del propietario original y su mujer, actuales moradores, nos mostraron el pozo subterráneo del que originalmente se bebía y que hoy solo se usa para el riego del jardín. Este se encuentra junto a la bodega a una cota de -4,5 metros, bajo la sala de estar. La piscina y el garaje ocupaban el límite sur de la parcela, separados de la casa por el jardín.

La estructura de hormigón armado está formada por tres pórticos paralelos este-oeste, dejando en voladizo el forjado de planta primera que conforma el porche de entrada y terraza. Los muros de contención de sótano así como las bóvedas de la bodega son de ladrillo macizo. Los cerramientos y la caja de la escalera, eran de bloque de hormigón visto tanto en el interior como en el exterior, haciendo gala de la sinceridad constructiva propia de esa nueva arquitectura. El pavimento de toda la vivienda es de madera de Eneldo. Las lamas machihembradas de grandes dimensiones se colocaron en paralelo al jardín, al que salían dibujando el camino de acceso a casa. Las carpinterías del salón eran de madera con doble vidrio, uno de ellos abatible para permitir la limpieza y con persiana enrollable en el centro para proteger del sol y vistas. El resto de carpinterías de la casa eran de hierro pintado de gris, abatibles y giratorias en distintas direcciones según la estancia y con doble vidrio. Los dormitorios tenían una sistema de oscurecimiento mediante un panel de madera corredero integrado en el tabique. Los baños estaban iluminados por medio de lucernarios, formados por un cubo de vidrio mateado al exterior y vidrio de lamas orientables al interior, permitiendo el control de la luz y la ventilación. En la vivienda original había algunos muebles diseñados por Alejandro de la Sota, como las sillas y mesa del comedor de perfiles tubulares metálicos o una cómoda de madera curvada, cuya forma recuerda a la casa Aversú. En cuanto a las instalaciones, la casa disponía de un sistema de calefacción poco convencional; dos lamas de pavimento perforadas colocadas junto a los ventanales de la sala escondían dos calefactores.

El resultado es una vivienda "grata". El actual propietario recuerda que su abuelo acudía a la casa a diario pues le resultaba un remanso de paz entre árboles. La casa quedaba protegida de la calle y del sur por un pinar. *"El hombre normal y de un mínimo de sensibilidad, necesita de un mínimo de naturaleza"*[38]. La relación exterior-interior en la vivienda unifamiliar es una preocupación constante en la arquitectura doméstica de Sota. Para hacer realidad esta relación y mezclar exterior-interior, el maestro introduce en la Casa Velázquez el recurso de utilizar el mismo pavimento dentro y fuera, en este caso con grandes lamas de madera exótica, que perfeccionará años más tarde en la Casa Guzmán con el empleo de plaquetas cerámicas. La vegetación parece no inmutarse cuando el pavimento se extiende como una alfombra a norte y a sur. Allá donde existen pinos o plantas, las lamas de madera se convierten en una jardinera dejando que la vegetación crezca. El patio norte es una prolongación del interior, con las mismas paredes de bloque y separado por un paño completo de vidrio, introduciendo el cielo y el aire en el estar y comedor. Por otro lado, la organización del programa y la

[38] DE LA SOTA, A. "Memoria a la cátedra de Elementos de Composición" 1970. Texto recogido en DE LA SOTA, A. Escritos, conversaciones, conferencias. Edición a cargo de Moisés Puente. Barcelona: Gustavo Gili, 2002. p.55

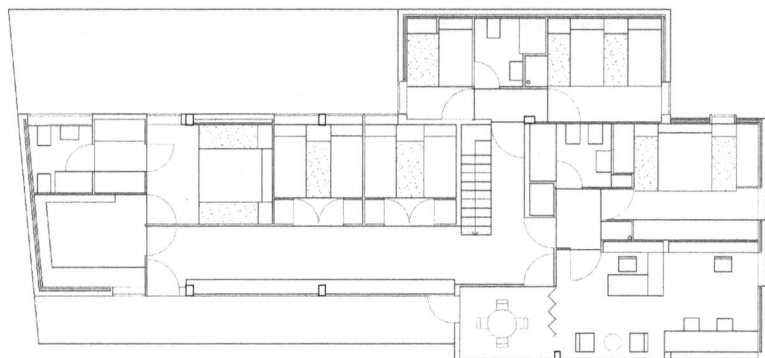

PLANTA ALTA

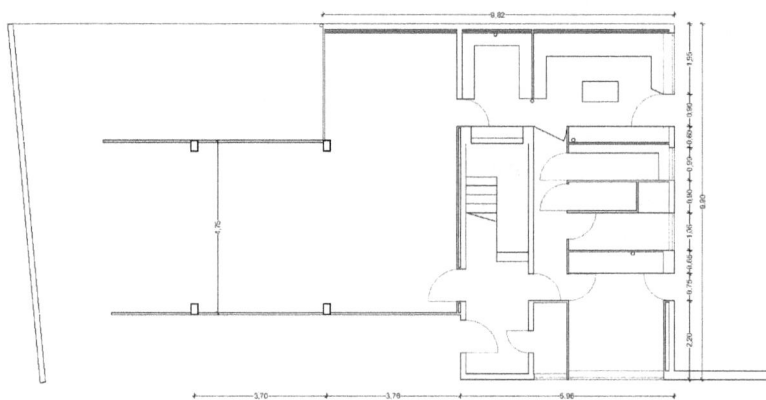

PLANTA BAJA

Plantas de Casa Velázquez redibujados
(redibujados por la autora)

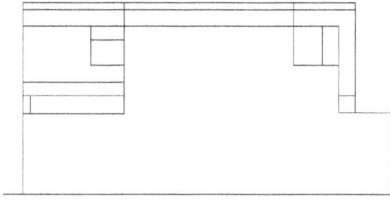

ALZADO OESTE

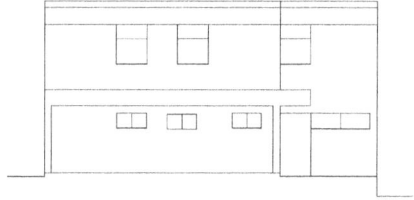

ALZADO ESTE

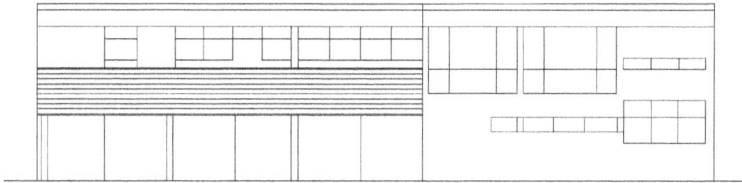

ALZADO SUR

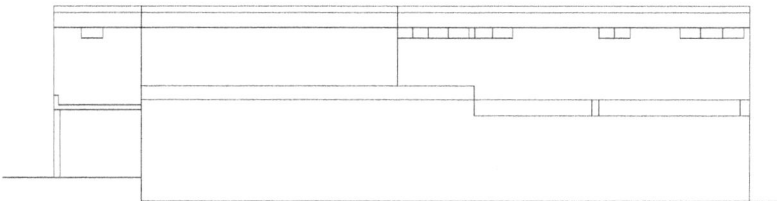

ALZADO NORTE

Alzados de Casa Velázquez redibujados
(redibujados por la autora)

distribución permitía libertad de circulaciones evitando pasillos de acceso único. *"La separación grande de zonas influye en un buen vivir. En otras ocasiones es su proximidad ¡Quien sabe! Alguna nueva disposición de dormitorios, aseos, pueden favorecer su uso"*[39]. Sota inventó en esta casa, una nueva ordenación de una habitación tradicional, con la intención de facilitar ese buen vivir. El arquitecto reutilizará esta innovación en Casa Valera y Casa Domínguez y otros proyectos no construidos como las viviendas de las torres de la urbanización vacacional en Murcia.

La casa Velázquez es un punto de inflexión en la trayectoria de viviendas unifamiliares de Alejandro de la Sota. Supone el abandono de la "arquitectura plástica" y el inicio de una época de renuncia, de una "nueva arquitectura". Sota dijo a propósito de esta vivienda; *"Quiero deciros una cosa como alumnos. El que no renuncie no entrará en el reino de los cielos, es una cosa evidente. Una casa como esta, tan vistosa... la veo ahora y digo: está bastante bien. Si no hubiera sido capaz de renunciar a todo esto, no estaría donde estoy, bastante a gusto"*[40]. El uso del bloque de hormigón en el cerramiento de una casa unifamiliar es reflejo del pensamiento libre de convencionalismos de Alejandro de la Sota. El arquitecto, influenciado por el mundo de la industria, usa un material propio de la arquitectura fabril en arquitectura doméstica. Las maderas robustas conforman ambientes confortables y acogedores entre verdes y pardos vegetales, muy en contraste con la imagen exterior. Otras novedades de tipo tecnológico que encontramos en esta casa son las puertas. Como cuenta Alfonso Valdés, "puerta" para Alejandro de la Sota es *"trozo de cerramiento que dispone de movilidad y que se desplaza para pasar. Su espesor debería ser la del cerramiento para que cumpla la función del mismo cuando está puesta. El borde del muro hay que cauterizarlo para que no se caiga cuando se quita la puerta"*[41]. Las puertas de

[39] DE LA SOTA, A. "Casa Domínguez en La Caeyra (Pontevedra)" en Obradoiro no9 1984 p.6.
[40] DE LA SOTA, A. (1980): Conferencia impartida dentro del ciclo "Modernitat y Avantguardia", Barcelona. Texto recogido en LA SOTA, A (2002): Escritos, conversaciones, conferencias. Edición a cargo de Moisés Puente. Barcelona: Gustavo Gili. p.182
[41] VALDÉS, A:"DeAdolfoLoosaAlejandrodelaSota:Enelprincipioeraelverbo"enArquitectura no 233 p.38-41

madera, se concibieron como paños de muro abatibles, sin marco y con tirador integrado y cierran con un sistema de imán. Los pestillos a los que acostumbramos hoy en día integrados en las puertas ya aparecen en esta casa de los años 60. Por último, observando bien los planos de Sota sacamos otra clave de su arquitectura y de su carácter; el sentido del humor. *"Me gustó siempre hablar de Arquitectura como divertimento; si no se hace alegremente no es Arquitectura. Esta alegría es, precisamente, la Arquitectura, la satisfacción que se siente. La emoción de la Arquitectura hace sonreír, da risa"*. Si nos imaginamos dentro de la piscina con el sol de frente, vemos a la derecha un volumen levantado de no más de metro y medio, que es la cubierta del garaje. Esta circunstancia podía haber pasado desapercibida sin mas, pero a Sota se le ocurre aprovechar ese desnivel para colocar un tobogán directo a la piscina. Seguro que a los nietos del Dr. Velázquez les hubiera divertido muchísimo. Este tipo de detalles, los encontraremos en casi todos los proyectos, si observamos los planos con ojos de niño.

Involución y estado actual

En Marzo de 2016 visité a Carlos, nieto del Dr. Velázquez, y su mujer Esther, en su casa de Sota. Se habían instalado allí en los años 80 y me contaron las adaptaciones que habían hecho desde entonces. En general, la buena organización funcional de la casa se había adaptado fácilmente a las necesidades de los nuevos inquilinos. En planta baja, mantuvieron la distribución y en planta primera unieron las dos habitaciones de la banda norte convirtiéndola en una más grande, sin incidir esencialmente en la arquitectura original. Ampliaron el jardín ocupando también la parcela contigua, en la que tienen un invernadero y multitud de animales, y que es frecuentado por los alumnos de la granja-escuela que regentan. El principal problema que se encontraron al entrar en la casa fue la infiltración de agua por las carpinterías metálicas. Para solucionar este problema, pensaron que la mejor opción era cambiar todas las carpinterías de la casa. Matar moscas a cañonazos. Las nuevas carpinterías incluían cajas de persianas por doquier, y supusieron la pérdida de limpieza y claridad propias de las fachadas. También consideraron que las juntas del pavimento de madera se ha-

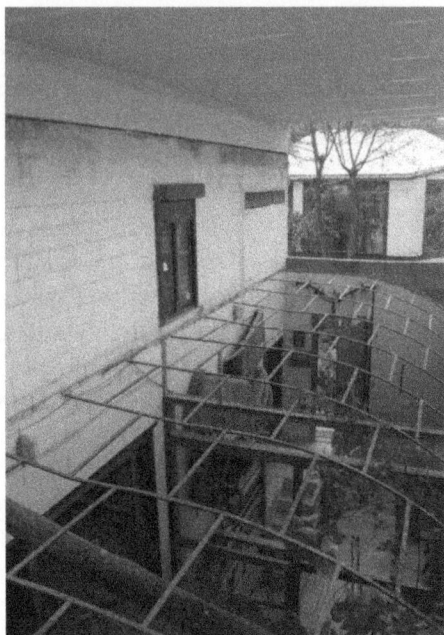

Patio norte de Casa Velázquez. 1966
(©Fundación Alejandro de la Sota) y 2016 (fotografía de la autora)

bían abierto excesivamente. Para reducir las juntas, decidieron abrirlas todavía más, haciendo acanaladuras que eliminaban el machihembrado, e introduciendo listones de madera nueva de unos 3 cm de ancho. Ya vemos que, como decía Sota, *"Nuestros males, nuestras necesidades no son tan fáciles de conocer por nosotros mismos...;aficiones de masas solamente el fútbol y los toros"*. Estas actuaciones están hechas con buen voluntad, pero "la mosca" seguía revoloteando. Por desgracia, fue pasando el tiempo y la involución fue *in crescendo*. Por arriba, construyeron una cubierta encima de la original a modo de tapa, dejando algo de alero a norte y sur "para alejar el agua" y para que "sirva de pista de baloncesto". Por abajo, horadaban el sótano cual topo buscando más espacio de almacenamiento. Estos remiendos ponen en peligro la estabilidad de la construcción pudiendo provocar daños irreversibles. Durante la visita en 2015, resultaba complicado reconocer la casa original. El dipolo funcional día-noche seguía existiendo. Sin embar-

Vista este de la Casa Velázquez: 1966
(©Fundación Alejandro de la Sota) y 2016 (fotografía de la autora)

go, la sinceridad constructiva, esencial en esta "nueva arquitectura", había desaparecido tras esas nuevas construcciones, sin pensar sobre la arquitectura original y tras la pintura blanca con la que se habían pintado todos los transgresores bloques del cerramientos de hormigón visto. La cuidada relación interior-exterior, tampoco existía ya. Las ventanas deslizantes del salón se han convertido en fijas, de modo que la conexión ya no es tan fácil e inmediata. La continuidad del pavimento también se ha visto deslucida y aunque el nuevo material escogido para la terraza era madera, ésta se ha colocado en dirección perpendicular al preexistente, subrayando que la linea antes era invisible de dentro-fuera. Además la colocación de unos pilares y vigas de madera en la terraza y la nueva disposición de la vegetación, enfatizan y delimitan un espacio que antes estaba diluido entre la casa y el jardín, definiendo espacios interiores o exteriores más que mezclándolos o graduándolos como sucedía en la casa original. ¿Permanece la Casa Velázquez de Alejandro de la Sota? Por desgracia, aunque la casa siga viva porque se habita, la arquitectura de Sota se encuentra en peligro de muerte inminente. Lo bueno es que con una rigurosa cirugía de urgencia todavía conseguiríamos salvarla. Las intervenciones y transformaciones suelen ser necesarias para el buen habitar de los moradores, pero deberían estar tuteladas al menos por arquitectos, que aseguren la permanencia de la obra y sobretodo el logro de los objetivos que se pretendían.

LA EVOLUCIÓN DE LA CASA VARELA

"Los nuevos materiales proporcionan otra belleza que no tiene nada que ver con la anterior (...). Creo que, a lo mejor, debemos el impresionismo al que inventó el tubo de plomo para llevar la pintura"[42].

Estado original

A principios de los años 60 José Varela Villar encargó a su amigo Alejandro de la Sota una casa con lo mínimo, una especie de refugio para ir a esquinar con su mujer y sus nueve hijos. La única premisa que el piloto de AVIACO puso a su paisano fue que cupieran todos. La parcela se sitúa en la calle Camino de Navacerrada 23 de la Urbanización Serranía de la Paloma en Collado-Mediano, en el límite norte de la Comunidad de Madrid, a los pies de la Sierra de Guadarrama. Hacia 1960, el paisaje era adusto y virginal, un lugar rocoso de alta montaña situado a mas de 1.000 m.s.n.m.

Sota ideó una distribución con núcleo de servicios central, haciendo libres las circulaciones. Consiguió eliminar la sensación de agobio en una casa de 115m2 con 14 camas y literas. La solución para los dormitorios de los hijos era la misma que en la casa Dr. Velázquez. Los armarios hacían de muelle entre el dormitorio y otra zona más amplia y flexible, que unas veces es zona de juegos y otras estudio y que también servía de paso a otras estancias. Sota redujo al máximo las superficies exclusivamente "de paso", casi las elimina, de modo que cada rincón de la casa se habitaba y se disfrutaba. El resultado es una vivienda-refugio, pequeña pero no angosta que el Maestro realizó con gran minuciosidad.

La casa Varela es un prototipo que se ideó durante 1964 y se desarrolló entre 1965 y 1968 durante su construcción. En este tiempo, Sota trabajaba en otros proyectos de mayor escala: el Conjunto residencial Mar Menor (1965), la Urbanización Las Palomeras en Málaga (1965), y el Co-

---

[42] A. de la Sota. 1987, El espíritu de un verdadero moderno.

Emplazamiento de Casa Valera
©Fundación Alejandro de la Sota

legio-residencia para la Caja de Ahorros Provincial en Orense (1967).
Todos tenían en común la necesidad de albergar a muchos individuos y
la voluntad de ser una construcción rápida, por lo que en todos encaja-
ba la prefabricación. *"Prefabricar, hacer antes, es cuestión previa. Prefabricación de ideas, un problema y con su esfuerzo es su planteamiento.
Cuando las cosas solamente pueden hacerse de una manera, empieza la
seriedad, y esto es respecto al tiempo, a la manera, a la materia, al suje-*

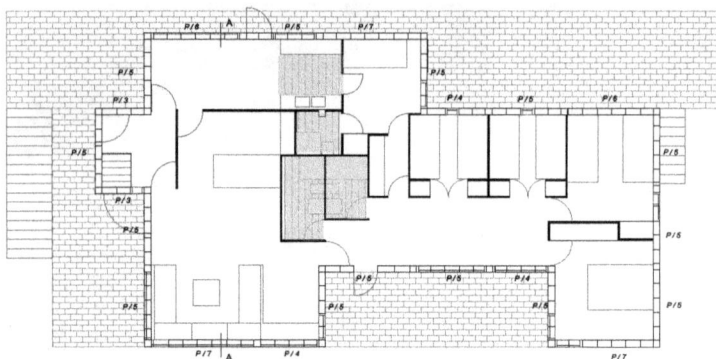

PLANTA ALTA

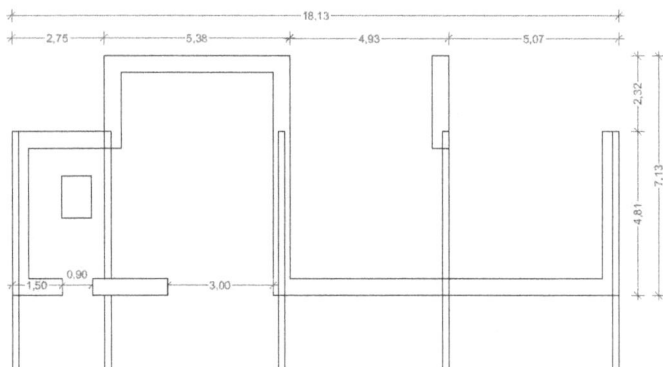

CIMENTACIÓN Y MUROS PLANTA BAJA

Plantas Casa Varela
(redibujados por la autora)

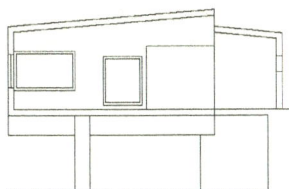

SECCIÓN

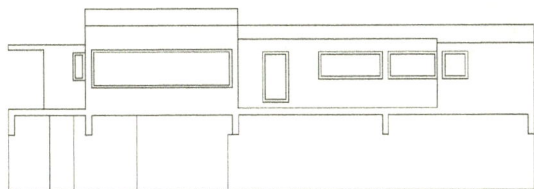

ALZADO ESTE

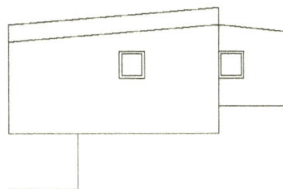

ALZADO NORTE

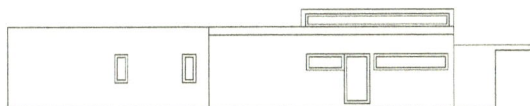

ALZADO OESTE

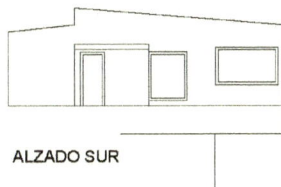

ALZADO SUR

Alzados Casa Varela
(redibujados por la autora)

to"[43]. Casa Varela, con su condición de vivienda unifamiliar única, fue el tubo de ensayo de los otros grandes proyectos. Cuenta Manuel Gallego, quien por aquel entonces trabajaba en el estudio de Sota, el entusiasmo que suponía esta obra, consciente de su carácter embrionario *"Aventura que la propia obra encerraba en sí misma, como ensayo hacia otra arquitectura"*[44] o dicho de otro modo "es *un proyecto que no tiene como objetivo a sí mismo"*[45]. Se escogió el sistema de prefabricación Hospresa[46] y como es lógico, la ideación de este proyecto fue del brazo de esta empresa. *"La prefabricación de Horpresa fue base para pensar. Influyó, naturalmente, en el proyecto: medios y fin son siempre la misma cosa"*[47]. La casa se desarrollaba en una sola planta sobreelevada. Se construyeron muros de piedra del lugar, paralelos a la pendiente, rematados con vigas de hormigón en voladizo. Sobre éstas se construyó el forjado de suelo con los paneles prefabricados, formados por dos placas finas de hormigón separadas 17 cm y conectadas con nervios. Encima se colocaron los cerramientos y cubierta del mismo material. El interior se forró con paneles TAFISA de color cuero y el suelo se recubría de linóleum del mismo color dando calidez al ambiente. La unión entre paneles y encuentros interiores se resolvieron con latón. Las carpinterías eran de madera con doble vidrio y las protecciones exteriores de chapa metálica. La cubierta se terminó con lámina asfáltica vista.

[43] DE LA SOTA, A (1968): "Sentimiento arquitectónico de prefabricación". En DE LA SOTA, A (2002): Escritos, conversaciones, conferencias. Edición a cargo de Moisés Puente. Barcelona: Gustavo Gili. p.47

[44] GALLEGO, M: "La Casa Varela" en ÁBALOS.I, PUENTE. M, LLINÀS J (2010). Alejandro de la Sota. Barcelona: Fundación Caja de Arquitectos. página 311-313

[45] GALLEGO, M. (1997): "Einfamilienhaus Varela, Collado Mediane/Villalba, 1964" en Werk, Bauen+Wohnen no84 p.33-35

[46] El sistema Horpresa, es un sistema de prefabricación de paneles de hormigón patentado en 1963 por Luis Garrido. Sus paneles servían para construir tanto forjados como cerramientos, resolviendo la construcción de toda una vivienda con el mismo material. Consiste en paneles autoportantes de hormigón prefabricado y pretensado, formado por dos placas careadas de 2,5 y 1,5 cm de espesor, separados 17 cms. Y solidarizados con nervios cada 43 cms, colocadas incluso aislamiento de 2 cms. de plástico, expandido y fundido, de juntas impermeabilizadas con 1 mm de bituminoso.

[47] DE LA SOTA (1966). "Conjunto residencial para vacaciones en la manga del mar menor" en Hogar y arquitectura, no. 64. p.44

"Conseguir la humanización del paisaje natural, pero sin destruir sus valores, restaurando, de esa forma, el aniquilamiento que la urbanización y la arquitectura moderna han realizado en el paisaje"[48]. En las fotografías de la obra emerge entre las rocas un volumen de no mucha envergadura que bien podría tratarse de una roca más. El modo de situar la casa en el territorio hace que esté contextualizado con lo que le rodea. La casa Varela dialogaba con el paisaje a través de la escala, la forma y la materia. La forma es un sencillo prisma al que se le suman (cocina y acceso) y sustraen volúmenes (terraza), generando vacíos que lo aligeran y rompen. Además Sota inclinó los planos de cubierta, haciendo su relación con el paisaje aún mas dinámica. Esta relación también se establecía desde la materia. El acabado exterior de los paneles prefabricados de hormigón lavado con chorro de arena dejaba vista su granulometría pétrea, que como el entorno, poseían esa textura rugosa y fuerte. *"Cuando la razón va directamente a la verdad, el acierto es normalmente grande"*[49]. El exterior duro y pétreo contrasta con el interior cálido y leñoso. El exterior es sencillo, abstracto y el interior rico y preciso. El exterior es prefabricado y el interior, aunque se sirva de materiales prefabricados, es artesano. La Casa Varela, como el hombre, es como un cofre que guarda y reserva en su interior el tesoro de mayor valor. En ese interior, la luz entra rasgada o tamizada y desde ese interior elevado se domina el paisaje con imponentes vistas.

[48] DE LA SOTA, A (1968): "Puntos básicos de una posible orientación arquitectónica ". En DE LA SOTA, A (2002): Escritos, conversaciones, conferencias. Edición a cargo de Moisés Puente. Barcelona: Gustavo Gili. p.14
[49] DE LA SOTA, A (1968): "Arquitectura y naturaleza". En DE LA SOTA, A (2002): Escritos, conversaciones, conferencias. Edición a cargo de Moisés Puente. Barcelona: Gustavo Gili. p.151

Evolución y estado actual

En Noviembre del 2014 hice una visita a la casa con Diego, uno de los hijos de José Varela. El entorno había cambiado por completo. Aquel entorno virgen y rocoso se había plagado de casas unifamiliares, aunque la situación de la casa en lo alto de la parcela, había asegurado las vistas lejanas y elevadas. Diego nos contó que en la casa se habían ido haciendo puntuales intervenciones bajo su supervisión y la de sus cuatro hermanos arquitectos. Se palpaba el cariño de la familia por la casa, a la que todavía acudían muchos fines de semana. La primera intervención una vez inaugurada la vivienda fue la ejecución de una chimenea en el salón a gusto de José Varela. Para ello, tuvieron la precaución de reforzar el forjado sobre el que se coloca una estructura de vigas metálicas. Entre los años 1989 y 1990, se actuó en la vivienda para resarcir algunas patologías y actualizar las instalaciones. Se impermeabilizó la cubierta con doblado de la tela asfáltica, se sustituyeron todas las carpinterías de madera por carpinterías metálicas, se cambió el pavimento de la cocina, se hizo la instalación de la calefacción con una caldera de gasóleo y se colocó una chimenea en el cuarto de juegos. También se construyó un volumen exento en la parte trasera para colocar la caldera y la sala de herramientas, que se revistió de baldosas de granito, de apariencia similar al panel prefabricado, tratando de mimetizarse con la casa y pasar desapercibido. Descubrimos otras intervenciones como la colocación de un goterón metálico en el frente del forjado de suelo de la fachada este ó la pintura blanca de las vigas, que tapa la textura del hormigón y reduce el rehundido en la cabeza de las vigas, difuminando en cierto modo su carácter prefabricado. Volumétricamente el cambio mas importante fue la cobertura de la terraza frontal. Manteniéndose las ventanas originales, incluso las barandillas de este espacio exterior, se cubre y cierra la terraza con un gran ventanal, con el fin de dar más uso a este espacio que de otro modo no se utilizaba por las bajas temperaturas.

¿Existe la Casa Varela de Alejandro de la Sota hoy?¿permanece su esencia en Collado Mediano? La casa Varela sigue siendo hoy, un refugio de comodidades justas donde pasar los fines de semana. Se mantiene el volumen pétreo de paneles de hormigón prefabricado sobreelevado que domina el entorno. Sin embargo, ese prisma dinámico

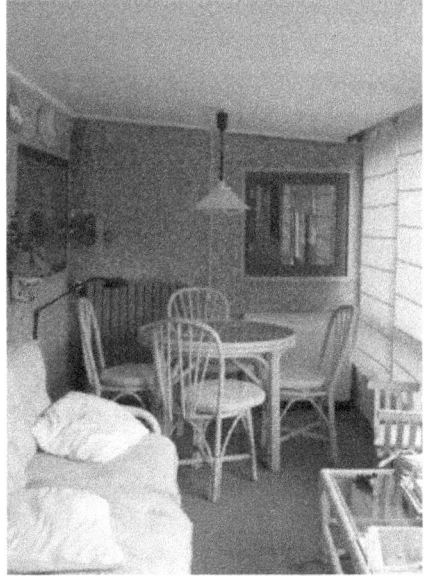

Casa Varela: 1967
(©Fundación Alejandro de la Sota) y 2014 (fotografía de la autora)

Casa Varela. 1965
(©Fundación Alejandro de la Sota) 2014 (fotografía de la autora)

y de carácter cerrado original, quedó algo desconfigurado por la gran presencia de la cristalera que tapa la terraza. Por otra parte, la pintura blanca de las vigas, subraya una línea de separación arriba y abajo que modifica en cierto modo la volumetría original, donde no existía línea. En el interior, la sensación de riqueza y calidez permanece intacta. El uso no ha hecho más que proporcionarle esa pátina que le confiere aún mas valor. Durante una charla mantenida con Sara Rius, viuda de Alejandro de la Sota, hablamos de lo esencial de esta casa. Ella la describió como una "casa ingeniosa" repleta de detalles constructivos pensados para el buen funcionamiento del refugio. Aunque su imagen hermética exterior se ha difuminado, ésta es totalmente recuperable, y la Casa Varela mantiene el carácter de cofre o nido confortable a pesar del paso de los años.

Hasta hace muy poco la casa Varela se seguía utilizando como casa de fin de semana. La última noticia es que se vendió, y que la Fundación Alejandro de la Sota junto con los Varela, estaban asesorando a los compradores, que tenían buena disposición en compatibilizar la conservación de la casa con las nuevas necesidades. Aún sin estudiar en profundidad posibles vías para el uso de esta casa como refugio, se encuentran de modo inmediato posibilidades para un espacio reducido junto a unas pistas de esquí en el que se pueden alojar 14 personas.

CASA GUZMÁN. REQUIÉSCANT IN PACE

"Solamente es de forofos del volante notar el coche cuando se va en el rápida y cómodamente de un lugar a otro, ya que naturalmente, lo lógico es ir cómoda y rápidamente sin más. Vivir cómoda y lentamente es la mejor manera de utilizar un edificio, aunque sea necesario mucho saber para lograrlo y luego no hacerlo notar"[50]

Estado original

A comienzos de los años 70, Enrique Guzmán encargó a Alejandro de la Sota una casa en Algete. Guzmán y De la Sota se conocían desde 1957, cuando elaboraron el Proyecto de Talleres Aeronáuticos TABSA junto con el ingeniero industrial Eusebio Rojas. *"La parcela de esta casa es un rectángulo con la dimensión mayor perpendicular a la carretera, donde tiene el acceso, rectángulo que cae en su lado opuesto sobre el único gran paisaje de la cuenca del río Jarama. La cota más alta está en esa cornisa sobre el paisaje; ahí estará la casa"[51].* La vivienda se situaba en un entorno de topografía suave que cae hacia el sur desde la Sierra de Guadarrama y se abrupta para encontrarse con el rio. La ubicación de la parcela era privilegiada; en el borde este de la urbanización, justo en el banco sobre el Jarama, así que dejaba a sus espaldas el resto de la urbanización y la sierra y miraba a su frente al exquisito paisaje del rio.

Sota dibujó dos anteproyectos que depuró en la versión final. El hilo conductor fue siempre el mismo: *"Hablamos de vez en cuando del peso específico de una construcción para un determinado fin. Hay que dejar que la casa flote, suba, baje y quede en su cota; la casa es un sólido flotando en un magma y ella sola fijará esa cota. Es preciso ser observador del sube y*

---

[50] Alejandro de la Sota. 1969, Entrevista para Método.
[51] DE LA SOTA, A. *Alejandro de la Sota. Arquitecto.* Madrid: Pronaos, 1989 p.p 134-135. Extracto de la memoria de Vivienda unifamiliar Sr. Guzmán.

baja hasta el edificio final. ¡Gracias casa!"[52]. En 1970 Sota plantea un volumen hincado en el terreno colocado en el límite de la parcela, reflejando ya la voluntad de meter la casa en el paisaje del valle. La parte enterrada contiene la zona de noche y de servicio. Un volumen que flota en el aire alberga la zona de día dominando el horizonte. Una terraza y un patio difuminan el límite entre interior y exterior. Guzmán no aceptó este proyecto y Sota dibujó una nueva propuesta. Esta vez el volumen que flotaba en el aire, se posa en el terreno junto a una piscina que articula la casa. Al otro lado, la zona de noche se esconde en el terreno. Tras la segunda negativa del Señor Guzmán, Sota propone una versión muy próxima a la definitiva. Retirándose algo más del límite de la parcela, la casa sigue apoyando las espaldas en el terreno y se abre al paisaje de frente.

En 1973 Sota dibujó el proyecto definitivo en el que reaparece depurado el cuerpo emergente del primer anteproyecto. Lo convierte en una pequeña biblioteca apoyada en el volumen principal con una ventana mirador y una amplia terraza desde donde se domina el paisaje. La Casa Guzmán, salía del terreno perteneciendo al mismo, y se asomaba sutilmente al paisaje sin voluntad de quitarle protagonismo. La casa era una caracola, *"se abre y se cierra sobre sí misma"*, y en ese abrir y cerrar te encuentras y reencuentras con el paisaje unas veces de cerca y otras de lejos. La estructura de la parte excavada y en contacto con la tierra era pesada, de hormigón y en la parte abierta al jardín era ligera, metálica. Sota utilizó gres Burela color tierra y carpinterías enrasadas color champagne para esa piel tersa de los volúmenes que emergen del terreno y para el pavimento sobre la tierra húmeda. La "cima de la montaña" era una cubierta vegetal, interrumpida por algunos lucernarios que iluminaban la zona de noche. *"Si un topo hace túneles porque siempre vive en la tierra, y hacen nidos los pájaros porque vuelan, es lección aprovechable. Pensemos lo que somos y acertaremos al hacer nuestra arquitectura..."*[53]. El programa agrupado en dos zonas día-noche estaban separados por la escalera lineal que conducía a la biblioteca. Este dipolo día-noche

[52] DE LA SOTA, A. Ale*jandro de la Sota. Arquitecto*. Madrid: Pronaos, 1989 p.p 134-135. Extracto de la memoria de Vivienda unifamiliar Sr. Guzmán.
[53] PUENTE, M (Ed). *Alejandro de la Sota: Escritos, conversaciones, conferencias*. Barcelona: Gustavo Gili, 2002 p.p.150

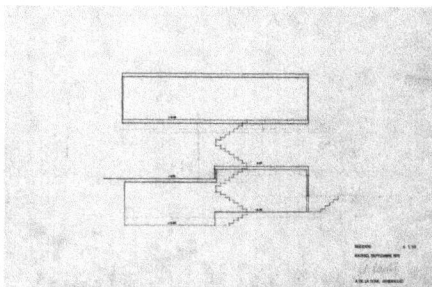

Vista de la Casa Guzmán
©Fundación Alejandro de la Sota

Primer anteproyecto

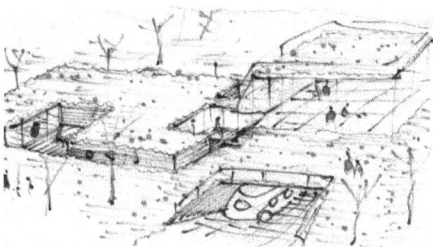

Segundo anteproyecto

Anteproyectos casa Guzmán
©Fundación Alejandro de la Sota

Emplazamiento Casa Guzmán

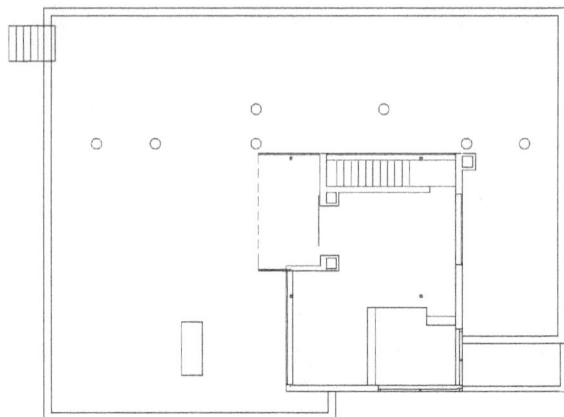

PLANTA PISO

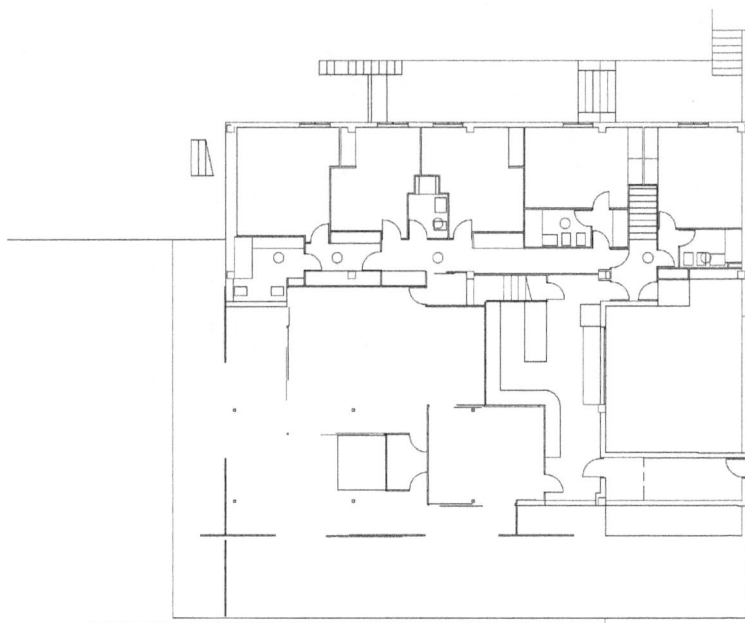

PLANTA BAJA

Plantas Casa Guzmán
(redibujados por la autora)

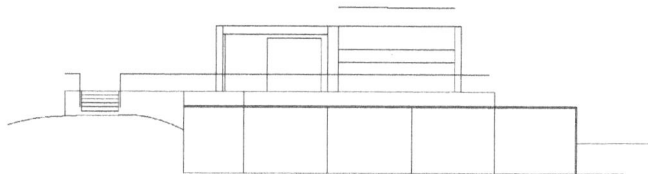

ALZADO SUR

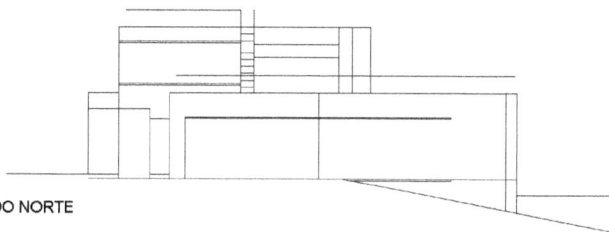

ALZADO NORTE

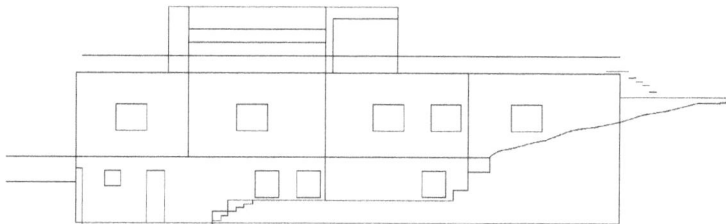

ALZADO OESTE

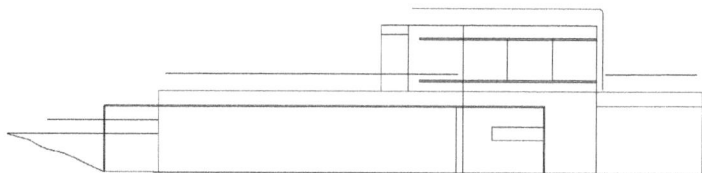

ALZADO ESTE

Alzados Casa Guzmán
(redibujados por la autora)

quedaba subrayado por la materialidad y espacialidad. Los espacios en la zona de día eran más luminosos y grandes, mientras que los de la zona de noche recibían una luz más tenue y eran de dimensiones más ajustadas. *"Lo bueno de hoy día es que podemos hacer una casa abierta, abierta, que se cierre, cierre. Parece que es una tontería pero así es, esa es la gran novedad. Estar dentro de tu casa y que en ella penetre el jardín, que no pises raya al pasar sobre ese dentro-fuera... Es importantísimo sentirse bien dentro de toda ella, en cada rincón"*[54]. En la zona de día, la sala podía ser tan abierta que se fundía con el exterior, gracias a la colocación del mismo pavimento de plaquetas Burela en el interior y en el exterior y a la separación entre el plano de carpintería y el plano de marquesina. Estos mecanismos confundían los límites de la casa, mezclando el dentro-fuera. La casa fue un soporte de investigaciones, no solo en el uso y colocación de materiales, sino también en el espacio. La Casa Guzmán tenía la capacidad de modificar los ambientes según se habitasen, crear espacios completamente nuevos a partir de la modificación de otros. Esta idea aparece en uno de los dibujos en planta de la casa, en el que las marquesinas aparecían formando un diedro opuesto al que formarían si la casa estuviera cerrada. Ahí Sota dibujó una tumbona. Es una habitación completamente exterior limitada por dos paredes metálicas color champagne, el cielo y el paisaje. Cuando las marquesinas se corren, este espacio desaparece y aparece otra zona de estar en el porche, algo más recogida pero sin llegar a ser interior.

Arriba, la biblioteca es una estancia cálida, que asoma al paisaje del Jarama por el noreste y a la Sierra por el este. Las distintas circulaciones y accesos en esta vivienda conformaban multitud de recorridos, haciendo que su uso fuera amable y que exterior-interior estuvieran muy mezclados. *"En este sitio sopla mucho el viento que viene de la sierra de Madrid por lo que la casa se abriga. Andar por el jardín, y subir al de arriba (porque la sala de arriba tiene un jardín encima), no se sabe si está arriba o abajo. El confusionismo sabido da cantidad de posibilidades...Las ventanas son panorámicas. La ventana rectangular es para un cuadro de Greco, pero el*

---

[54] DE LA SOTA, A. *Alejandro de la Sota. Arquitecto*. Madrid: Pronaos, 1989 p.p 134-135. Extracto de la memoria de Vivienda unifamiliar Sr. Guzmán.

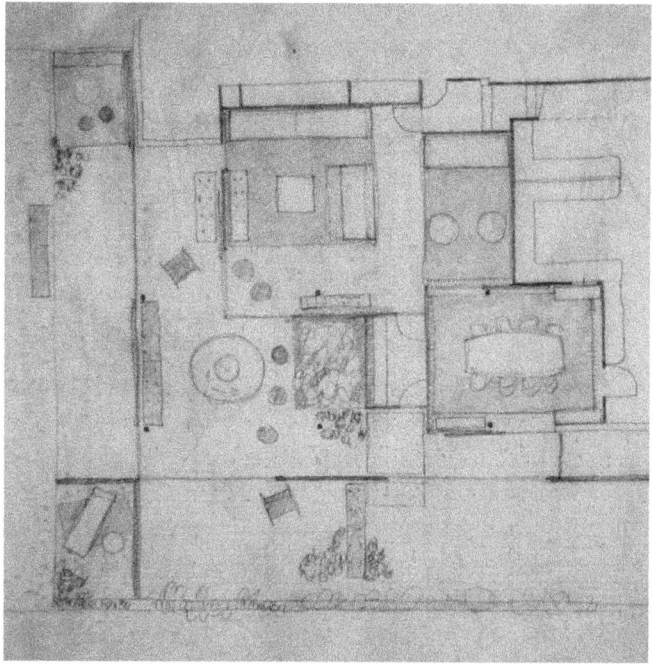

Zoom de croquis de planta baja.
Habitación exterior con tumbona.

Casa insertada en el terreno
©Fundación Alejandro de la Sota

*paisaje es horizontal y lo ve uno, normalmente, moviendo la cabeza lateral-
mente. La casa tiene ventanas a distintas alturas dependiendo de donde uno
esté sentado para ver paisajes a todo lo largo"*[155]. La arquitectura de Sota,
siempre está al servicio del hombre. Sus casas están pensadas para las
personas, para ser habitadas, bien vividas.

Evolución y estado actual

Las primeras patologías aparecieron al poco tiempo de finalizar la casa.
Florecieron humedades en el dormitorio de la esquina oeste, que estaba en contacto directo con el terreno. El problema se solucionó rápido
ejecutando un foso. El cambio más drástico de la casa sucedió cuando
Enrique Guzmán quiso poner riego por goteo en la cubierta ajardinada.
Al colocarlo estropearon la impermeabilización, generando goteras. Ante
esta situación, Guzmán que tenía mucho carácter tomó una decisión
drástica y acabó con el jardín en la cubierta. En su lugar colocó baldosas
de hormigón. Desde ese momento Sota, que también tenía carácter, pro-
metió no volver a la casa hasta que hubiera césped en la cubierta. A parte
de este acontecimiento, sucedieron actuaciones de poco alcance como el
cambio de la moqueta por madera en los pavimentos de la zona de noche,
o el cambio de azulejos del baño por mármol. En los años 90, el Sr. Guzmán quiso tener un espacio habitable con acceso independiente al de la
casa. Con los hijos ya mayores, el espacio reservado en la zona de juegos
resultaba un lugar idóneo. Así que hicieron allí un mini apartamento para
que los señores vivieran de forma más recogida e independiente. Respecto a las instalaciones, aunque se fueron actualizando, Guzmán hijo nos
contó que en general la casa estaba bien aislada. Ciertamente, se trataba
de una vivienda protegida a norte y abierta a sur lo que favorecía la protección al frio y apertura al sol. Además era una casa resguardada por el
propio terreno, lo que ayudaba a mantener constante la temperatura. Los
vidrios originales dobles tipo "Climalit" seguían funcionando bien.

[55] DE LA SOTA, A. Conferencia en Barcelona, 1980. En: PUENTE, M (Ed). *Alejandro de la
Sota, Escritos, conversaciones, conferencias*. Barcelona: Gustavo Gili, 2002, p.p 179

Casa Guzmán
©Fundación Alejandro de la Sota

En Otoño de 2014, tuve la grandísima suerte de visitar la Casa Guzmán. Llamaba la atención desde la calle la inexistente presencia de la casa. Al llegar al callejón del Jarama n°6 no había casa. Había chopos amarillos, abetos verdes y un murete de bloque de hormigón de 1 metro de altura sepultado bajo hojas amarillas. Subimos por la rampa de los coches dejando atrás una explanada de cemento que antes era una pista de tenis. Ya arriba, nos esperaba la protagonista, la espectacular vista al Jarama, llena de ocres, tonos pardos y verdes. El terreno invitaba a seguir rodeando la casa, y así lo hicimos, un rodeo ascendente entre vegetación. En esta subida, la casa se asomaba o se escondía en la tierra. Llega un momento, tras girar la piscina, en el que la casa desaparecía entre plantas y arbustos. Seguimos subiendo y llegamos al punto más alto de la casa. Esta terraza, que antes era de hierba, entonces era de losas de cemento, aunque entre ellas había florecido el verdín, ¿casualidad del destino? Sin darnos cuenta, habíamos subido un montículo pisando tierra y césped y nos encontramos ante una imponente e infinita panorámica. La casa seguía siendo una caracola. Atravesando la puerta más próxima entramos a la biblioteca, un ambiente cálido envuelto en madera y libros y entradas de luz suaves. En el lado opuesto, una esquina desaparecía para acercarnos el paisaje que veíamos afuera lejano. Justo ahí, el suelo está rehundido, conformándose un ambiente recogido de estar. Desde aquí, sentados en el escalón giramos la mirada hacia el norte, donde una ventana muy horizontal enmarcaba la sierra, aunque ya borrada por los frondosos arboles. Nos dirigimos hacia esa ventana y bajando una escalera en línea llegamos a la sala. Una atmósfera distinta nos recibe llena de luz y suelo de barro. Llamaba la atención una enredadera que giraba sobre un pilar interior, recordando a la Villa Mairea, detalles que mezclan aún mas el interior-exterior. No se en que momento se dejaba de estar dentro para estar fuera. Las marquesinas conformaban espacios gratos en este umbral y nos damos cuenta de que estamos junto al lugar donde comenzamos la espiral exterior. A las espaldas de la zona recorrida discurría en paralelo la zona de noche. Linternas en el techo conducían a las habitaciones. Los materiales y la intensidad de luz eran ahora mas tenues y reposadas. Las dimensiones de cada una de las estancias eran holgadas, alejándose de los mínimos exigidos por la normativa de habitabilidad. Para nuestra sorpresa, a pesar de haber estudiado los planos y fotos publicadas, únicamente comprendimos la casa Guzmán

Recorrido por casa Guzmán en 2014

Casa Guzmán. 1976
(Imagen de Pablo Torné)
y 2014 (fotografía de Alberto Burgos)

al recorrerla, allí mismo. También Guzmán, como villa Savoye y como vimos en Villa Bianca de Terragni, *"es literalmente una construcción según el principio espacio-tiempo".* La *"promenade"* de Savoye que comienza en el jardín y que hila el interior con el exterior, sucedía en Guzmán. Es una vivienda que podía recorrerse en espiral, o quizás sea más apropiado asemejarla con la cinta de Moebius, pues se le da la vuelta en espiral tanto por fuera como por dentro, o mejor dicho de dentro a afuera y de afuera hacia adentro. La casa Guzmán mantenía su esencia. La relación exterior-interior, la integración de la arquitectura en el paisaje y el dipolo día-noche seguían intactas en Algete.

En el momento de la visita, un cartel en la puerta anunciaba que la casa estaba en venta. Sabía que los señores Guzmán habían fallecido poco tiempo antes y que la casa la había heredado su hijo. Enrique nos contó que mientras no encontraran comprador se estaba planteando trasladarse a vivir allí junto con su familia. Unos años más tarde, en el ocaso del año 2016, el propietario de la Casa Guzmán de Alejandro de la Sota, Enrique Guzmán hijo, hacía demoler la vivienda que con tanto cariño habían habitado sus padres. Desde el punto de vista de la materialidad, la casa tenía algunas patologías propias del paso del tiempo sin mantenimiento como carpinterías que no cerraban bien, problemas de condensación en vidrios, rotura de plaquetas, aparición de manchas de sales en el revestimiento, y grietas en hormigón expuesto al exterior (celosía que da paso a la biblioteca). Al margen de los lógicos y necesarios trabajos de conservación, la casa era habitable y vigente. No cabe duda del interés arquitectónico que poseía esta casa, no solo por quien la firmó, sino sobretodo por ser una lección construida de buena arquitectura. Los espacios continuaban siendo gratos. Al margen de los lógicos trabajos de mantenimiento y desde los ojos de un arquitecto, una casa insertada en pleno paisaje, con espacios flexibles y bien iluminados y dos accesos independientes, ofrecía múltiples posibilidades de uso actuales, que hubieran colaborado en la conservación de esta joya. Lamentablemente la historia de la Casa Guzmán tuvo este trágico final. Requiéscant in pace.

LA PERMANENCIA DE LA CASA DOMÍNGUEZ

"La Filosofía es indispensable ¿cómo se va a hacer algo que no se sepa por qué?"[56]

Estado original

En el verano de 1973 Enrique Domínguez y su mujer Mª Carmen encargaron a su primo segundo Alejandro una casa para vivir en Pontevedra. En ese momento la familia contaba con 9 hijos. El único requisito que Mª Carmen pidió al arquitecto fue tener muchos armarios y suficientes baños para el buen funcionamiento de una familia tan numerosa. La casa se sitúa en la Calle Rio Miño-San Salvador nº15 en la localidad La Caeyra. La vivienda ocupa dos parcelas de un total de 1.000 m2. La casa se ubica en la parcela más alta, al norte, propiedad inicial de D. Enrique y la parcela sur, adquirida por los propietarios por indicación del arquitecto antes de iniciar el proyecto, se destina a jardín. En el lugar hay algunas preexistencias que Sota decidió conservar; un viejo muro de piedra en el camino de Ruza y un roble que a día de hoy ha alcanzado una gran dimensión, y que resulta encontrarse en un punto estratégico, haciendo de sombrilla en la terraza sur.

"Al decir de Saarinen el habitáculo del hombre puede ser representado por una esfera cortada ecuatorialmente por el plano de tierra. La semiesfera enterrada se usará para el descanso, inactividad, reposición de fuerzas y del pensamiento. La semiesfera por encima del plano 0 será donde el hombre desarrolla su actividad, donde desarrolla lo pensado. De materiales pétreos, terrosos, la primera; transparente, de cristal, la segunda. Cuanto más libere el hombre su pensamiento, más se separara de la tierra la cristalina esfera que, liberada, se convierte en nueva esfera volante, inalcanzable. Cuanto más grande es la necesidad de reposo, del descanso, más profunda se enterrara la enterrada semiesfera. Cuidada en años esta imagen y aparecidas

---

[56] A. de la Sota. 1980 Conferencia Barcelona

Vista Casa Domínguez
©Fundación Alejandro de la Sota

las condiciones precisas se le da forma física a estos pensamientos. Cuanto más claras son las ideas, más cuesta conseguir claramente su materialización[57]. Sota dibujó esta idea en 1970 para la casa Guzmán. La sección era clara: dos volúmenes, uno enterrado y el otro en el aire unidos por una finísima escalera. El volumen flotante correspondía al estar y actividades de día y el volumen enterrado a la zona de noche. En 1973 Mª Carmen le dio la oportunidad de construir este dipolo funcional con claridad. La zona de noche está organiza en tres bandas. En la primera, a cota -2,5 m se sitúa la habitación de las niñas y de los padres con sus respectivos baños

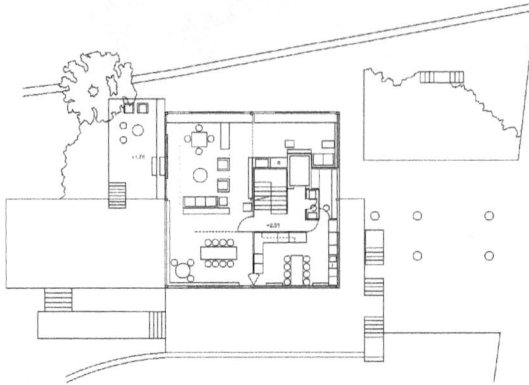

PLANTA ALTA

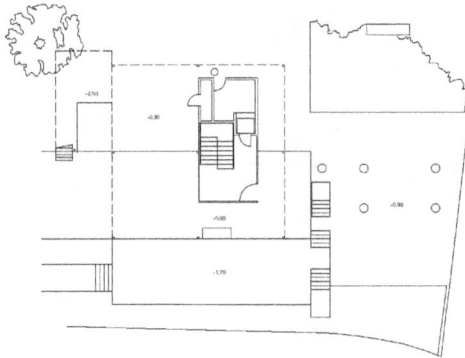

PLANTA ACCESO

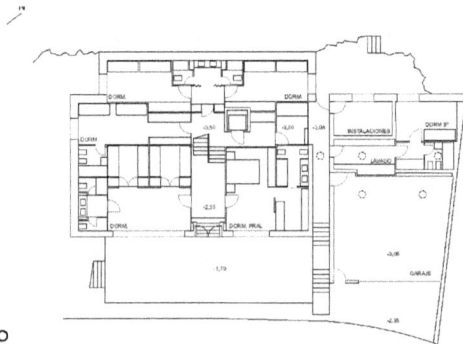

PLANTA SÓTANO

Plantas Casa Domínguez
(redibujados por la autora)

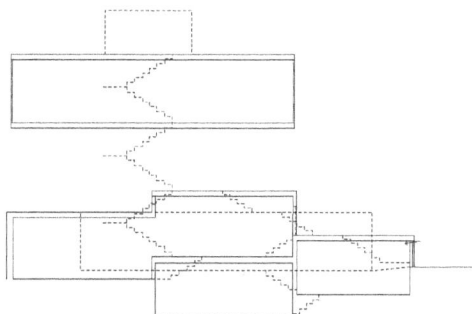

SECCIÓN

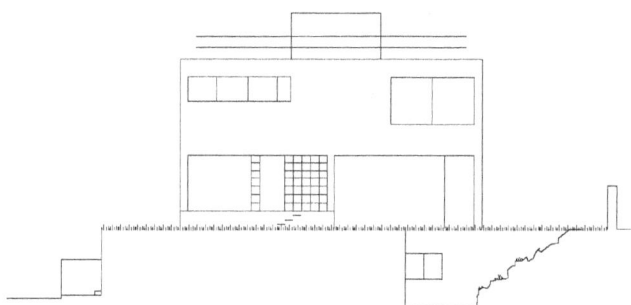

ALZADO OESTE

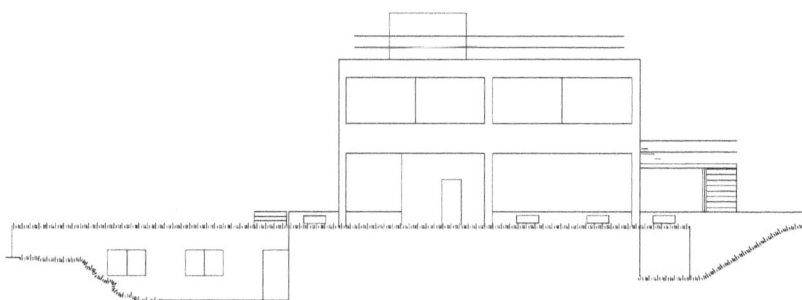

ALZADO ESTE

Alzados y sección Casa Domínguez
(redibujados por la autora)

y zonas de estudio. El baño de las niñas permite el uso simultáneo de tres personas. La habitación se organiza como en Casa Velázquez y Varela; armarios-cancela que abren y cierran camarotes y zona de juegos. Todas las habitaciones reciben luz y aire de los patios excavados eliminando además la percepción de estar enterrado. Las dos siguientes bandas se sitúan algo más bajas, a -3,50 m y alojan los dormitorios de los chicos y un baño que también permite el uso simultáneo de varias personas. En la cota 0, está el jardín y un gran espacio exterior cubierto para jugar y estar afuera cuando llueve, que allí es muy a menudo. Por la escalera que comunica toda la casa se sube a la gran sala de estar sobreelevada. Durante el ascenso, justo en el rellano que lleva a la cocina o a la sala, aparece un campo de mimosas que en realidad está a nuestras espaldas pero que el maestro refleja en un espejo horizontal que recorre la meseta de lado a lado. La vida interior, concurre en relación visual con el paisaje, cambiante según la estación del año. También en esta casa los distintos niveles exteriores enlazan con los distintos niveles interiores, mezclando interior-exterior en el uso de la vivienda. El espacio estar-comedor puede ser uno o subdividirse en tres. Esta zona es luminosa y se conecta al exterior por una terraza al sur. La calidez de los muebles de madera y tonos crudos convierten este espacio acristalado en un espacio cálido y acogedor. Pensando en que la familia es muy numerosa y la necesidad de asientos iba a ser muy elevada, el maestro recubre los radiadores estratégicamente ubicados con tapa de madera. De este modo también servían de asiento para padres hijos y nietos. El último nivel, es la cubierta accesible en plena naturaleza, entre las copas de los árboles.

Para construir la idea, Sota continuó con su arquitectura lógica y el dipolo funcional enterramiento-flotación es coherente en su materialización. El resultado es la idea construida[58]. La estructura es pesada, de hormigón en la parte enterrada y ligera, metálica en la parte que flota. La parte enterrada se reviste de plaquetas de gres Burela color tierra, similar al utilizado en casa Guzmán que también se esconde en la tierra. En el suelo, utilizó el mismo material cerámico pero de color negro. En

---

[58] La expresión "idea construida" la escribió Alberto Campo Baeza en su libro "idea Construida" para hablar del significado de Arquitectura.

la cota 0, la nada, lo mínimo indispensable es de pavés. El volumen que flota se recubrió con paneles metálicos Skinplate[59], colocados en vertical sobre un tabique enfoscado con aislamiento térmico. Las carpinterías se ejecutaron de aluminio termo-lacado en blanco. En el interior, los pavimentos eran de madera, excepto las circulaciones que se recubren

---

[59] Este tipo de lámina consiste en una chapa de acero o aluminio pintada, de 2mm de espesor, recubierta por una de sus caras con una película de PVC de una adherencia muy buena, haciéndola inalterable, y muy resistente.

de moqueta para reducir el ruido. Los techos y paredes interiores están acabados con pintura muy brillante y rincones achaflanados, aparentando ser metálicos y resultando muy duraderos.

Este dipolo genera una relación exterior-interior muy particular y una vida muy en relación con el entorno. La parte enterrada, es terrosa, de colores pardos y a ella se accede por escaleras pesadas, que bajan al interior de la tierra, como un topo a su guarida. Uno es consciente de bajar a la caverna. Hasta las barandillas se pintan de marrón. En la cota 0, el jardín es casa. Al volumen flotante se sube por unas escaleras livianas, de barandillas blancas, acorde con el lugar al que conducen y muy en contraste con las que bajan. El detalle constructivo aligera estas escaleras y la plataforma de unión, de materiales ligeros y color blanco. Este volumen es verdaderamente un nido tejido en un árbol, en un robusto roble que vio crecer la vivienda.

Evolución y estado actual

La casa nunca ha tenido grandes patologías y las intervenciones han sido mínimas, en los 30 años de vida que lleva en uso continuo. Se cambió el pavimento de madera de las terrazas exteriores excepto el de la cubierta que sigue siendo el original. A los 20 años de vivir allí, la moqueta "Sommer" de lana de la escalera comenzó a levantarse, y por una cuestión de comodidad se sustituyó por un parquet de madera de haya, el mismo que Sota había utilizado en el salón. Por otra parte, según lo consultado en la tesis de Díaz Camacho, "*El gres de Burela (plaquetas 9.5x19.5 de color tierra), solaba con color negro las terrazas exteriores (terraza de dormitorios y plataforma de cota 0). Consultado el arquitecto acepto la actual baldosa cuadrada de color cuero*". A diferencia de la Casa Guzmán, los señores Domínguez confirman no haber tenido grandes problemas con la plaqueta Burela color tierra que reviste los cerramientos enterrados. Solo tuvieron que cambiar algunas piezas que estaban agrietadas. Esta intervención se hizo con máxima sensibilidad cambiando la última fila entera por otras baldosas de igual tamaño y color parecido. Además, en la zona norte de la sala se doblaron las carpinterías del paño más norte, dotando de mayor aislamiento a esa zona recogida. Esta actuación no es perceptible desde fuera y casi ni siquiera desde dentro.

Casa Domínguez, 1976
(©Fundación Alejandro de la Sota) y
2016 (foto de la autora)

Las carpinterías de más de 40 años, muy resistentes, abren y cierran con total facilidad. Llama la atención, la buena ejecución y los cuidados detalles constructivos de esta vivienda, pues en una casa que en su mayor superficie está enterrada y que se sitúa en uno de los lugares más lluviosos de España, nunca se ha filtrado agua. Respecto a las instalaciones, únicamente han incorporado un aparato de aire acondicionado en la sala.

En el verano de 2017, tuve la oportunidad de visitar esta casa. Desde la Rua rio Miño, se ve enseguida una caja blanco que sobrevuela el entorno. A través de unas escaleras color tierra y protegidos por barandillas que parecen de barco, se llega a la puerta de casa, bajo el cubo blanco. Nos abre la puerta Mª Carmen, encantadora y encantada de mostrar su casa. Primero, damos un paseo por el jardín, cubiertos primero y sin cubrir después y recordando que lo que importa no es la imagen sino lo bien que se vive dentro. La casa debió llamar mucho la atención en su época y los vecinos, que seguían desde afuera la construcción, comentaban desconcertados si sería una casa, una fábrica o qué. Al entrar, nos recibe una escalera cálida en un espacio luminoso. Subimos y ya nos encontramos con las hojas de los árboles que habíamos visto abajo a través de una rasgadura totalmente horizontal en el tabique que separa del salón. La conexión entre afuera y adentro, arriba y abajo es gradual. El rellano anticipa al salón regalando una serie de perspectivas entrecruzadas. La sala es un espacio amplio instalada entre el verde del jardín. Aunque el espacio es uno, la colocación del mobiliario diferencia varios ambientes para comer, estar o descansar. A pesar de ser un espacio muy abierto, es muy acogedor y luminoso, no solo por las paredes de vidrio, sino también por el brillo de la madera de los muebles y pavimento que también reflejan la luz y vegetación exterior. Quizás en el recogimiento de esta estancia también influye el material absorbente de las placas del falso techo que permiten hablar en un rincón sin molestar a los que están en otro ambiente de la sala. Una terraza algo más baja y bajo la sombra de un roble, mira y conecta con el jardín. Al otro lado, la cocina blanca y de madera sencilla es un lugar bien iluminado y ventilado. El recorrido continúa bajando por las escaleras por debajo de la cota de acceso. El color blanco y brillante de las paredes hace que desaparezca la sensación de estar en un espacio enterrado. Todas las habitaciones tienen luz natural, a través de ventanas de dimensiones justas. La primera zona de habitaciones recuerda a la Casa Velázquez, con los dormitorios nicho que abren a la zona de estudio con una mesa corrida a lo largo de la entrada de luz. Las circulaciones se iluminan con linternas en el techo, igual que las de la casa Guzmán. Cada rincón está aprovechado con armarios bajos o altos. Las atmósferas de la parte de arriba y abajo son diferentes por la cantidad de luz, amplitud y lejanía de vistas. Esta maravilla de casa se mantiene completamente viva y perfectamente mantenida. La prueba más fehaciente de la vigencia de la Casa Domínguez, es que se mantiene en pleno uso como casa. Aunque la mayoría de hijos ya no viven allí, el dipolo funcional y material sigue siendo el lugar de reunión dominical y de habitación en épocas vacacionales para nietos e hijos. La casa de Sota permanece y la de los señores Domínguez, también.

Imagen Casa Domínguez en 2016

LA JÓVEN VIEJA Ó COMO ROBARLE TIEMPO AL TIEMPO

Ilustración de la jóven-vieja

"Ser modernos no es una moda, es un estado. Hay que comprender la historia: quien sea capaz de hacerlo, sabrá también encontrar la continuidad entre lo que era, lo que es y lo que será" Le Corbusier.

¿Pueden las casas modernas llegar a ser ancianas? ¿se puede vivir en ellas sin atentar a su identidad para atesorarlas como patrimonio histórico? Vimos que la mayoría de casas icono del s.XX ya no funcionan ¿se volvieron viejas? A juzgar por su imagen, parece que no envejecieron nunca. Sin embargo perdieron su función, esencial en la arquitectura racionalista. Al inicio del libro relatábamos la historia de tres viejas casas modernas italianas que son Patrimonio Histórico y que tras varias generaciones, siguen vivas y jóvenes como casas ¿Son las jóvenes casas modernas de Sota vigentes? ¿es posible su conservación como patrimonio sin quitarles la vida?

"Me encuentro que las primeras obras se parecen muchísimo a las últimas" dijo Sota. Al contrastar las cuatro casas del maestro español se reconoce un hilo conductor, una urdimbre que las cose a todas ellas. El dipolo funcional de casa Velázquez acaba volteándose a la inversa en Casa Domínguez. El dipolo material, pesado en contacto con la tierra y ligero

en contacto con el aire, aparece en casa Guzmán y se perfecciona en la Casa Domínguez. La relación exterior-interior es un tema constante en toda su obra. Ya en c/dr. Velázquez creó espacios intermedios, exteriores en los que prolongó los materiales interiores, que luego enfatizó en casa Guzmán donde los umbrales eran verdaderos habitáculos. Consiguió incluir el paisaje en el recorrido natural y en la vida de la casa. La base de partida es excepcional; casas bien construidas y orientadas, de distribuciones lógicas, con gratos espacios luminosos y bien ventilados. Y esto, sin entrar en la emoción que despiertan las buenas arquitecturas de los grandes maestros.

Hemos analizado y confirmado la vigencia de cada una de las casas y su capacidad de albergar programas domésticos contemporáneos diferentes a los originales. También hemos visto que mantener una vivienda en uso favorece su conservación. No vivir las casas las arruina, pero como es lógico, se necesitan algunas intervenciones para adaptar las casas a las nuevas necesidades de los nuevos propietarios. En Villa Necchi, Bianca y Figini, los hitos de restauración y actualización fueron tutelados por la Soprintendenza. De este modo quedaban equilibradas las voluntades de los propietarios como usuarios y las del organismo interesado en su conservación como patrimonio. Por el contrario, las actuaciones realizadas en las casas de Sota han sido en general improvisadas, fortuitamente más o menos acertadas en función de la sensibilidad o cariño de los propietarios hacia sus casas, pero sin ninguna reflexión previa en cuanto a temas esenciales en la conservación del patrimonio. El resultado es solamente la mitad de las casas, conservadas desde el punto de vista arquitectónico. De esto se deduce la vital importancia que tiene la protección oficial de las obras de arquitectura que se quieren conservar. Por otra parte, el cambio de propietarios constituye un momento de riesgo para este tipo de casas. Hemos visto en las casas de Sota que el cambio de la primera propiedad, personas que encargaron la casa, a las segundas o terceras generaciones, con necesidades diferentes, resulta un momento crítico. Estando prevenidos, conviene adoptar una actitud vigilante y proactiva con recursos y alternativas viables y preparadas para poner en marcha en cada caso. Corría el año 65 cuando el Ayuntamiento de Poissy expropió la gran parcela de la Villa Savoye con la intención de construir encima un liceo. ¿Qué sucedió? El propio LC organizó una gran campaña en el sector de las artes y la arquitectura y consiguió que la clasificaran

FUNCIÓN	dia 63% de la sup total noche 20% de la sup total servicios 17% de la sup total	dia 67% de la sup total noche 23% de la sup total servicios 10% de la sup total	dia 55% de la sup total noche 20% de la sup total servicios 25% de la sup total	dia 45% de la sup total *se cuentan espacios abiertos cubiertos noche 26% de la sup total servicios 29% de la sup total
DIPOLO FUNCIONAL				
MATERIA Y FORMA				
COHERENCIA TECNOLÓGICA				
DIPOLO LIGERO-PESADO				
ESPACIOS Y RECORRIDOS	Interior 70% Umbra/ Exterior 30%	Interior 60% Umbral/ Exterior 40%	Interior 52% Umbral/ Exterior 48%	Interior 55% Umbra/ Exterior 45%
RELACIÓN DENTRO FUERA. GRADACIÓN EXTERIOR-INTERIOR				
NUEVAS FÓRMULAS DE DISTRIBUCIÓN				

Urdimbre comparativa entre las cuatro casas de Sota
(elaborado por la autora)

como Monumento Histórico y así salvaguardar su villa. LC incluso dibujó un proyecto para convertirla en un Museo Le Corbu, en el que introducía los cambios que consideraba necesarios para adaptarla al nuevo uso y así mantenerla en pie. Existen algunos ejemplos menos clamorosos de actitudes proactivas que han conseguido mantener casas modernas vivas. Por ejemplo Can Lis de Utzon, que alberga programas residenciales para investigadores ó la Villa Mairea, que mantiene su uso doméstico permitiendo visitas concertadas con antelación a estancias determinadas. Por desgracia, actualmente la posesión de una casa moderna del siglo XX asusta y esclaviza. En nuestras manos está cambiar este panorama. Echémosle imaginación. *"Plantear preguntas nuevas, suscitar nuevas posibilidades, ver viejos problemas desde un ángulo nuevo, son cosas que exigen imaginación y señalan verdaderos adelantos de la ciencia"* decía Einstein.

Entonces ¿cómo robarle tiempo al tiempo? ¿cómo conseguir que una anciana casa siga siendo una joven en pleno funcionamiento? Paradójicamente, igual que la ilustración de la joven-vieja, sucede que las casas del Movimiento Moderno, ancianas, preciadas, patrimonio histórico y cultural, pueden seguir siendo jóvenes, casas que funcionan y que suscriben el moderno "form follows function".

En primer lugar, podemos confirmar que toda conservación precisa una transformación. Como rezaba el manifiesto futurista *"tutto si muove, tutto corre, tutto volge rapido. Una gura non è mai stabile davanti a noi, ma appare e scompare incessantemente"*. El paso del tiempo, la natural evolución de las personas y sus necesidades, lleva a aceptar la necesaria transformación de los habitáculos para asegurar la vida en ellos y en consecuencia su salvaguarda.

La última obra de Alejandro de la Sota fue la ampliación y restauración del Cabildo insular, y en la memoria del proyecto escribía *"Restaurar es pues algo que puede hacerse para aprovechar la ocasión de: Completar lo olvidado, Reencontrar el pasado, Aflojar lo comprimido, Lo esponjado, comprimirlo...Negociar lo aquí dicho, Lograr esa nueva satisfacción general de la obra en su verdadero ser... Cualquier reforma que se haga a fondo en un edificio que tenga unos valores reconocidos, aún manteniendo todo el interés que pueda tener con sus viejas formas, la nueva presencia ha de acompañarse naturalmente con la actuación del nuevo*

0. DATOS GENERALES			CASA VELÁZQUEZ	CASA VARELA	CASA GUZMÁN	CASA DOMÍNGUEZ
			A. de la Sota 1959 C/Dr. Velázquez 5. Pozuelo de Alarcón. Madrid Dr. Velázquez y familia	A. de la Sota 1964 Camino de Navacerrada 23. Urb. Serranía de la Paloma, Collado-Mediano, Madrid José Varela Villar y familia	A. de la Sota 1972 Callejón del Jarama 6. Urb. Santo Domingo. Algete, Madrid Enrique Guzmán y familia	A. de la Sota 1976 Calle río Miño. La Caeyra, Poio, Pontevedra Enrique Domínguez, MªCarmen y familia
3. ANÁLISIS DE LOS RESULTADOS. ESTADO DE PRESERVACIÓN	3.1. PORQUÉ: Nivel de protección		Sin protección	Sin protección. Incluida en el Catálogo inicial del PNPCPSXX del IPCE. Propietarios: conciencia del objeto de valor.	Sin protección. Propuesta por el COAM para inclusión en Catálogo inicial del PNPCPSXX del IPCE	Sin protección. Propietarios: conciencia del objeto de valor.
	3.2. COMO	3.2.1 Permanencia del uso	1960-1980 Vivienda familia Dr. Velázquez 1990-actualidad Vivienda familia Carlos (nieto Dr.velázquez)	1964-2017 Vivienda familia Enrique Varela 2018 Venta de la vivienda	1974-2014 Vivienda familia Guzmán 2017 Demolida	1976-2018 Vivienda familia Domínguez
		3.2.2 Existencia de monumento como documento histórico	si	si	no (si hasta demolición)	si
		-Permanencia autenticidad material	media-baja	media-alta	alta (hasta demolición)	alta
		-Permanencia imagen original	baja	media-alta	alta (hasta demolición)	alta
		3.2.3 Permanencia de la caricatura. Permanencia del objeto arquitectónico	no, pero sería recuperable Sinceridad constructiva Relación exterior-interior	si Carácter de refugio Medios y fines	no (si hasta demolición) Relación usuario-entorno, arquitectura-entorno Dipolo funcional y material	si Dipolo funcional y material

Cuadro comparativo de de las 4 casas de Sota

"La imposibilidad física de la muerte en la mente de algo vivo". Obra de Damien Hirst

arquitecto que sabrá, con toda discreción, mejorar en este caso, el actual Cabildo". Si por el contrario, no aceptamos e incorporamos la transformación que precisa la evolución, corremos el riesgo de mantener casas en formol, listas y bonitas para ser mostradas en una urna, pero muertas, sin vida.

¿Hasta que punto se puede transformar para no acabar con la obra que pretendemos conservar? Hemos visto que las intervenciones imprudentes atacan directamente a la conservación de una obra. Las inconscientes actuaciones que se han hecho sobre la Casa Velázquez están poniendo en peligro su estabilidad estructural. En casa Varela, el modo de cubrir la terraza viró significativamente la imagen y expresión del edificio original. En casa Guzmán, el desconocimiento acerca de cómo gestionar las nuevas necesidades del propietario han llevado a la desaparición total de la casa. A propósito de la restauración del Gobierno Civil, dijo Sota *"Todos los edificios, desde el momento de su construcción, necesitan un generoso mantenimiento y un entendimiento..."* y añadía *"Pasan los años y las personas sobre el. Se conserva lo esencial y se cambian cosas que no importan, otras, más importantes, con consecuencias irreparables".* El límite de transformación debe estar en la esencia de cada obra. Cuando se quiera conservar una casa moderna como patrimonio, existen

Dibujo Qi Baishi. Esencia.

múltiples opciones de intervención según el caso, pero para mantener el original vivo, es imprescindible mantener sus claves, su esencia. Así pues, para no llegar a consecuencias irreparables, es necesario conocer profundamente esas claves. El estudio siempre debe ser caso por caso. No existe una fórmula y criterios comunes y válidos que puedan aplicarse a todas las intervenciones de las casas del s.XX, pero sí se pueden pautar unas directrices para el conocimiento profundo y verdadero de la esencia de cada obra y así poder obrar en consecuencia.

Las casas modernas pueden conservarse como casas en uso pues son vigentes y pueden mantenerse como patrimonio, si aceptamos la transformación y evolución de la obra en el tiempo, manteniendo la esencia y modificando los accidentes. Lo cierto es que Sota ya lo tenía claro. Así lo guardaba escrito en su mesa de trabajo *"Señor, dame valor para cambiar lo que pueda cambiarse, dame serenidad para aceptar lo que no pueda cambiarse y dame sabiduría para distinguir lo uno de lo otro"*.

BIBLIOGRAFÍA

A. BIBLIOGRAFÍA GENERAL

A.A.V.V. *La vivienda moderna. Registro DOCOMOMO Ibérico 1925-1965.* Madrid, Fundación Caja de Arquitectos y Fundación Docomomo Ibérico, 2009

A.A.V.V. *One hundred houses for one-hunderd european architects of the xx century.* Kholn: Taschen, 2008.

BENEVOLO, L.: *Historia de la arquitectura moderna.* Barcelona, Ed. Gustavo Gili, 1977

BENTON, T. COHEN, JL.:. *Le Corbusier le grand.* London, ED.Phaidon, 2008

BENTON, T.: *The villas of Le Corbusier and Pierre Jeanneret : 1920-1930.* Basel, Birkhäuser 2007

BOESIGER, W. y GIRSBERGER, H.: *Le Corbusier 1910-65.* Barcelona , Editorial Gustavo Gili. 1971.

BOESIGER, W. *Le Corbusier. Oeuvre complète 1938-1946.* Basel, Birkhäuse, 1999

BURGOS, A.; "La Belleza que detuvo al Tiempo. Time Past. Time Present. Time Future" en *Alberto Campo Baeza. Arquitectura 2001-2014.* Valencia, General Ediciones de Arquitectura, 2014

CAMPO BAEZA, A.: *La idea construida.* Buenos Aires, CP67. Universidad de Palermo, 2001

CORNOLDI, A.: *Le case degli architetti. Dizionario privato dal Rinascimento ad oggi.* Marsilio editori, 2001

COSTA, X, LANDROVE,S. (Ed); *Arquitectura del Movimiento Moderno, 1925-1965.* Registro DOCOMOMO Ibérico, 1996

CURTIS, W.: *La arquitectura moderna desde 1900.* Madrid, Ed.Blume, 1986.

CURTIS, W..: *Le Corbusier: Ideas y formas.* Madrid, Ed. Hermann Blume, 1987

DE FUSCO, R.: *Historia de la Arquitectura Contemporánea.* Madrid, Celeste ediciones, 1992.

FRAMPTON, K.: *Historia de la arquitectura moderna.* Barcelona, Editorial Gustavo Gili, 1998.

GATEPAC: *AC 6. 1931-1937.* Barcelona, Gustavo Gili. Edición Facsímil, 1975.

GIEDION,S.: *Espacio, Tiempo y Arquitectura.* Barcelona, Editorial Hoelpi, 1958

GRANDI, M. PRACCHI, A.: *Guida all'architettura moderna.* Lampi di Stampa, 2011

LAMPUGNANI. V.M.: *Enciclopedia GG de la arquitectura del siglo XX.* Barcelona, Gustavo Gili, 1989

LE CORBUSIER.: *Hacia una arquitectura.* Paris 1923. Barcelona, ed. Poseidón 1978

LE CORBUSIER: *Precisiones respecto a un estado actual de la arquitectura y del urbanismo.* Barcelona, Poseidón. 1978

LINAZASORO, J.I.: *Escrito en el tiempo. Pensar la arquitectura.* Buenos Aires, Nobuko. Universidad de Palermo, 2003

MONEO, R.: "La vida de los edificios. Las ampliaciones de la Mezquita de Córdoba" en Arquitectura, no 256, 1985

MONTEYS, X.: *La habitación : más allá de la sala de estar.* Barcelona, Gustavo Gili, 2015

MONTEYS, X.: *Rehabitar en nueve episodios.* Madrid, Lampreave Edic, 2013

MOREL-JOURNEL, G. y BALLOT, JC.: *Le Corbusier's Villa Savoye.* Paris, Editions du Patrimoine, 2000

NORBERG-SHULZ,C.: *Louis Kahn, idea e imagen.* Madrid, Ed Xarait 1990

QUETGLAS, J.: *Le Corbusier y Pierre Jeanneret. Villa Savoye "Les Heures claires" 1928-1962.* Madrid, Editorial Rueda S.L., 2004.

QUETGLAS, J. *Les heures claires –"Proyecto y arquitectura en la Villa Savoye de Le Corbusier y Pierre Jeanneret.* Massilia 2009

RÜEGG, A.: "Polychromie architecturale". Basel, Birkhäuse, 1997

SBRIGLIO, J.: *Le Corbusier: La Villa Savoye.* Madrid, Abada Editores, 2005

TARUFI, M.: *Storia dell'architettura italiana 1944-1985.* Einaudi editore, 2002

URRUTIA NUÑEZ, A.: *Arquitectura doméstica moderna en Madrid.* Madrid, Universidad Autónoma de Madrid, 1988.

ZEVI, B.: *Historia de la arquitectura moderna.* Barcelona, Editorial Poseidón, 1980.

BIBLIOGRAFÍA SOBRE CONSERVACIÓN DEL PATRIMONIO ARQUITECTÓNICO

A.A.V.V. *Modern housing-Patrimonio vivo. Docomomo Journal no 51.* Lisboa, Docomomo International, 2014

A.A.V.V. *¿Renovarse o morir? Experiencias, apuestas y paradojas de la intervención en la Arquitectura del movimiento Moderno. Actas VI Congreso Fundación DOCOMOMO Ibérico.* Cádiz: Ed. Fundación DOCOMOMO Ibérico.

A.A.V.V.: *Actas de la Conferencia Internacional CAH20thC. Criterios de Intervención en el Patrimonio Arquitectónico del Siglo XX.* Madrid , Mairea editores, 2011

ALLAN, J.: "Points of Balance: Patterns of Practice in the Conservation of Modern Architecture" en MACDONALD,S., NORMANDIN, K., KINDRED , B. *Conservation of Modern Architecture.* Donhead, Shaftesbury 2007

ALLAN, J.: "From sentiment to science" en *Docomomo Journay no48 Modern Africa, Tropical Architecture,* 2003

ARAUJO,R.: "La rehabilitación de la arquitectura moderna" en *Tectónica no 33*. Madrid, ATC Ediciones, 2010

AMBROZ, M.: "Investigation and Production of Furtinure for Villa Tugendhat 2009-2012" en TOSTOES, A. (ed): *Designing Modern Life*. Docomomo Journal 46, 2012

AUJAME, R.: *Le Corbusier restaurateur et conservateur en FLC. La conservation de l'oeuvre construite de Le Corbusier*, Paris, Éditions Fondation Le Corbusier, 1990

BALLESTER, MJ., BOSCH, L. y MARCENAC, V.: "Entrevista a Giorgio Grassi", en *Restauración y rehabilitación. Revista internacional del patrimonio histórico*. Valencia, Ed. UPV, 2012

BORIANI, M.: *Progettare per il costruito. Dibattito teorico e progetti in Italia nella seconda metà del XX secolo*. Milano, Ed. CittàStudi Edizioni, 2008

BORIANI, M.: "Restauro e Moderno. Conservazione, ripristino, copia" en *Recuperare Edilizia Design Impianti*, 1989

BORIANI, M.: *La sfida del moderno : l'architettura del 20. secolo tra conservazione e innovazione*. Unicopli, 2008

BORSIA, D.: "Il recupero del moderno" en Callegari, G., Montanari, G.: *Progettare il costruito. Cultura e tecnica per il recupero del patrimonio architettonico del XX secolo*. Franco Angeli ed., 2001

BOSCH REIG, I.; *"La intervención en el patrimonio: un problema arquitectónico"* en *Las herramientas del arquitecto*. Valencia, Ediciones Generales de la Construcción, 2004.

BOSCH REIG, I.: "La ruina como valor añadido en el patrimonio. El non-finito" en *Ingeniería y Territorio, no 92*. Barcelona, 2011

BOSCH REIG, I.: "Intervención en el patrimonio: un continuo proceso de innovación". Restauración y Rehabilitación, R&R, n°79. Valencia, Editorial de la UPV, 2003

BOSCH REIG, I.: "Del fragmento al conjunto. De lo particular a lo general". *Restauración y Rehabilitación, R&R no112-113*. Valencia, Editorial de la UPV, 2010

CACCIA, S.: *Le Corbusier dopo Le Corbusier: retoriche e pratiche nel restauro nell'opera architettonica*. Ed. Franco Angeli, 2014

CALLEGARI.G.; *Progettare il costruito, Cultura e tecnica per il recupero del patrimonio architettonico del XX secolo*. F. Angeli ed., 2001

CANZIANI, A.(ed.): *Conservare l'architettura. Conservazione programmata per il patrimonio architettonico del XX secolo*. Milano, Electa 2009

CANZIANI,A.: "Being and Becoming of Modern Heritage. The challenge of planned Conservation" en *The Challenge of Change. Dealing with the Legacy of the Modern Movement. Proceedings of the 10th International Docomomo Conference 2008* . Amsterdam, Editore: IOS Press, 2008

CARBONARA, G.: "Il restauro del moderno come problema di metodo" en *Parametro* no 266. Bologna, Faenza editrice, 2006

CARBONARA, G.: *Trattato di restauro architettonico*. Torino, Ed.Utet Giuridica, 2010

CARBONARA, G.; A*vvicinamento al restauro : teoria, storia, monumenti*. Liguori, Ed 1997.

CARBONARA, G. *Architettura d'oggi e restauro : un confronto antico-nuovo*. Roma, Utet Szience Tecniche, 2011

CASCIATO, M.: "Modern Architecture is durable: Using Change to Preserve" in *The Challenge of Change. Dealing with the Legacy of the Modern Movement. Proceedings of the 10th International Docomomo Conference 2008* . Amsterdam, Editore: IOS Press, 2008

CASCIATO, M.: "Sulla durata dell'architettura moderna" en *Conservare l'architettura. Conservazione programmata per il patrimonio architettonico del XX secolo*. Milano, Electa 2009

CORNU, M.: "Corb rehabilitated" en *Techniques et architecture , no. 357*, 1984/1985 .

DIAZ MIRANDA, F.; "La Arquitectura del Movimiento Moderno 1925-1965. Fundación Docomomo Ibérico" en *LIÑO 15*. Revista anual de Historia del Arte. 2009

DI BIASE, C.: *Il degrado del calcestruzzo nell'architettura del Novecento*. Milano, Ed. Maggioli, 2009

DOGLIONI. F.: *Nel Restauro. Progetti per le architetture del passato*. Venezia, Ed. Marsilio, 2008.

FENTZLOFF, A., ARNOLD, M.: "La casa doble de Le Corbusier en la Weissenhofsiedlung" en *Loggia* no26. Valencia, Editorial UPV, 2013

GONZÁLEZ-VARAS, I.: *Conservación de bienes culturales. Teoría, historia, principios y normas*. Madrid, Ediciones Cátedra, 2006

GRAF, F.: *Il restauro del patrimonio del XX secolo* en REICHLIN, B., PEDRETTI, B. (ed): *Riuso del patrimonio architettonico.* Silvana Editoriale, 2011.

GRIGNOLO, R.: *Una –Enciclopedia critica per il riuso e il restauro dell'architettura del XX secolo*- en REICHLIN, B., PEDRETTI, B. (ed): *Riuso del patrimonio architettonico.* Silvana Editoriale, 2011.

GRIGNOLO, R., REICHLIN, B.: *Lo spazio interno moderno come oggetto di salvaguardia*. Mendriso Academy Press, Silviana Editoriale 2012

HAMMER, I.: "La casa Tugendhat. Investigación de materiales y superficies en el contexto de la conservación de la materialidad del monumento" en A.A.V.V. *¿Renovarse o morir? Experiencias, apuestas y paradojas de la intervención en la Arquitectura del movimiento Moderno. Actas VI Congreso Fundación DOCOMOMO Ibérico*. Cádiz: Ed. Fundación DOCOMOMO Ibérico.

HERNANDEZ, A.; "Il recupero della memoria culturale: la consrvazione dell'architettura del Movimento Moderno nella Peniscola Iberica" en *Parametro* no 266. Bologna, Faenza editrice, 2006

HERNANDEZ MARTINEZ, A;. "La arquitectura del Movimiento Moderno: entre la desaparición y la reconstrucción. Un impacto cultural de larga proyección" en *Apuntes*, vol 1, no 2. Bogotá, Instituto Carlos Arbeláez Camacho, 2008

IRACE, F.: "La conservazione del moderno. StuttgartWeissenhof Case Study" en *Domus no 649*. Milano, Editoriale Domus, 1984

IRACE, F.: "Il nuovo di ieri" en *Domus no 649*. Milano, Editoriale Domus, 1984

KRIER, L.: "SOS Villa Savoye" *Architectural Design, no. 5/6*, 1992

KOOLHAS, R.: "Preservation is Overtaing us" en *Future Anterior vol 1. no2* 2004. KUILPERS, M.: "FairyTales and Fair Practice, Considering Conservation, Image and Use" en *The reception of Architecture of Modern Movement: Imagen, Usage, Heritage. Proceedings of the Seventh International Conference from do. co,mo.mo.* Cl. Saint-Etienne, 2005

PETRAROIA, P.: "Architettura ed arti moderne: per una verifica metodologica intorno al restauro" en *Parametro* no 266. Bologna, Faenza editrice, 2006

PIRAZZOLI, N.; *Totem e Tabù. Il difficile rapporto degli architetti con le opere del passato*. Firenze, Alinea Editrice, 2008.

PRUDON, T.H.M.: *Preservation of Modern Architcture*. United States, John Wiley and Sons Ltd. 2008

REICHLIN, B., PEDRETTI, B. (ed): *Riuso del patrimonio architettonico*. Silvana Editoriale, 2011

REICHLIN, B. "Quale storia per la salvaguardia del patrimonio architettonico moderno e contemporao?" en Callegari, G., Montanari, G.: *Progettare il costruito. Cultura e tecnica per il recupero del patrimonio architettonico del XX secolo*. Franco Angeli ed., 2001

RIVERA BLANCO, J.: *De Varia Restauratione. Teoría e Historia de la restauración arquitectónica*. Valladolid, Ed. R&R Restauración y rehabilitación, 2001.

RIBERA, D.: *Dios está en los detalles*. Valencia, General de ediciones de arquitectura, 2012

MARCOSANO DELL'ERBA, C.: "La posizione e il ruolo di DOCOMOMO" en *Parametro* no 266. Bologna, Faenza editrice, 2006

MARCOSANO DELL'ERBA.C.; *Rifare il nuovo. Temi e tecniche dell'intervento sugli edifici*. Roma, Gangemi editore, 1998

MACDONALD S., NORMANDIN K., KINDRED B. (eds.): *Conservation of Modern Architecture*. Donhead, Shaftesbury 2007

TORSELLO, P.: "La restauración de la arquitectura: cómo y por qué" en *Loggia* no 18

MARTÍ ARÍS, C.: "El concepto de transformación como motor del proyecto" *Cuatro cuadernos. Apuntes de arquitectura y Patrimonio.* Barcelona ,Caja de Arquitectos 2005

MARTÍ ARÍS, C.: "Vacchini o la búsqueda de la unidad" en *DPA: Documents de Projectes d'Arquitectura no 23*, 2007

MONEO, R.: "La vida de los edificios. Las ampliaciones de la Mezquita de Córdoba", en *Arquitectura no 256*. Madrid, Colegio Oficial de Arquitectos de Madrid, 1985.

MONTANARI, G.: "Cosa conservare dell'architettura contemporanea?" en Callegari, G., Montanari, G.: *Progettare il costruito. Cultura e tecnica per il recupero del patrimonio architettonico del XX secolo.* Franco Angeli ed., 2001

REICHLIN, B.: "Tipo e Tradizione del Moderno", en *Casabella no 509-510. Milano,* Mondadori editore, 1985.

TOURNIKIOTIS, P.: "Le Corbusier, Giedion, and the Villa Savoye From Consecration to Preservation of Architecture" en *Future Anterior Volume IV,* no2,

BIBLIOGRAFÍA ESPECÍFICA SOBRE LOS CASOS ITALIANOS ESTUDIADOS

BASILICO, E.: *Giuseppe Terragni - Villa Bianca a Seveso, ipotesi di restauro di un moderno.* Rel. TARTAGLIA, F. ; Co-rel. DE SANTIS, M. Tesis. Milano : Politecnico, 1993/94

BRUNELLI, F.: "Die Villa Bianca in Seveso" en *Bauwelt 88.42.* 1997

CANZIANI, A., DELLA TORRE, S.(eds.): *Le Case per artisti sull'Isola Comacina.* Quarderni Fondation Carlo Leone et Mariena Montandon. Nodo Libri. 2010

CIUCCI.G: *Giuseppe Terragni : 1904-1943.* Milano, Electa, 2005

DE CARLI, M.: "Lo spazio segreto" en *Ottagono 28.108.* Milano, edizione COPINA, 1993

FIGINI, L: "L'abitazione di un architetto" en Domus no. 99. Milano, 1936

FIGINI, L: "Una casa di Luigi Figini" en *Quadrante no31-32.* 1936

GRIMOLDI, A.: "De l'usage, de la trace et du détail: la Villa Bianca (1936-37) de Giuseppe Terragni à Seveso" en *Faces 42-43.* 1997

IRACE, F.: "La città sospesa" en *Abitare* no477. 2007

MOLINARI, L.: *Piero Potaluppi : linea errante nell'architettura del Novecento.* Milano, Skira editore, 2003

NOBILI, E.: "Villa Bianca a Seveso" en *Arte Lombarda 146-148.1-3*. Milano, Istituto per la storia dell'Arte Lombarda, 2006

PROTASONI, S.: *Figini e Pollini*. Milano, Electa, 2010

PORTAPULLI, P.: "Villa Comm. A. Campiglio a Milano" en *Rassegna di architettura* No XIV Milano 1935

RIGOBE, G.: "Restauro e valorizzazione di Villa Necchi Campiglio: una residenza moderna nel centro di Milano" en GRIGNOLO, R., REICHLIN, B.: *Lo spazio interno moderno come oggetto di salvaguardia*. Mendriso Academy Press, Silviana Editoriale 2012

SAVI, V.: *Figini e Pollini*. Milano, Electa, 1990

SIRTORI. W.: *L'architettura di Luigi Carlo Daneri : una vicenda razionalista italiana*. Milano, Libraccio Editore, 2013

SELVAFORTA, O.: "Una villa moderna nel centro di Milano. L'architettura di Piero Portaluppi per i Necchi Campiglio" en *Le guide del FAI. Villa Necchi Campiglio a Milano*. Milano, Skira editore 2008

SPINELLI, L.: "Piero Portaluppi e Tomaso Buzzi: Villa Necchi Campiglio a Milano" en *Domus no 940*, 2010

SPINELLI, L.: "Piero Portaluppi e Tomaso Buzzi: Villa Necchi Campiglio a Milano" en *Domus 940*. Milán, 2010

TERRAGNI, G.: "Villa Bianca a Sevesso (Como)" en *Costruzioni Casabella 13. Milano*, 1940.

UZAWA, T.: "Memories of Bianca - record of a visit to a house: on Villa Bianca by Giuseppe Terragni" en *A + U: architecture and urbanism 11*. Japan, 1997

BIBLIOGRAFÍA SOBRE ALEJANDRO DE LA SOTA Y SUS CUATRO OBRAS ESTUDIADAS

A.A.V.V. *Conversaciones en torno a Alejandro de la Sota*. Madrid, Departamento de Proyectos ETSAM, 1996

A.A.V.V. *Alejandro de la Sota. AV Monografías no68*. 1997

ASENSIO, C., PUENTE, M. *Miguel Fisac y Alejandro de la Sota. Miradas en paralelo*. Madrid, Fundación ICO 2013

A.A.V.V: *Quaderns d'Arquitectura i Urbanisme (C.O.A.C.), no 215*, 1997.

ÁBALOS.I, PUENTE. M, LLINÀS J.: *Alejandro de la Sota*. Barcelona, Fundación Caja de Arquitectos, 2010.

AYALA, G.; "La moda sotiana" en *Anales de arquitectura no6*. 1995 p.177- 179

BALDELLOU, M.A.: *Alejandro de la Sota*. Madrid, Ayuntamiento de Madrid D.L., 2006

BALDELLOU, M.A: *Alejandro de la Sota*. Madrid, Servicio de Publicaciones del Ministerio de Educación y Ciencia, 1975

BALDELLOU, M. A.: "Ni más ni menos. A propósito de la Caeyra" en *Arquitectura no 309*

BARGE FERREIROS, S.; "La restauración del Patrimonio Arquitectónico Moderno. Análisis y crítica de las intervenciones en el gobierno civil de Tarragona. Universidade da Coruña". Tesis doctoral. Director: Casares Gallego, A., Rodriguez Cheda, J.B. UDC, 2014

BUCHANAN, P.:" "Master and disciples, Madrid. Alejandro de La Sota" en *Architectural Review no 1071*. 1986

BURGOS, A.: *Modernidad Atemporal*. Valencia, General Ediciones de arquitectura, 2011

BRAVO REMIS, R.; *Una inducción a la arquitectura. Alejandro de la Sota y la arquitectónica realidad de algunos materiales y sistemas industriales (1956-1984)*. Universidad de Sevilla, Secretariado de Publicaciones. Instituto Universitario de Ciencias de la Construcción, 2000

CABEZA GOZÁLEZ, M.; "Criterios Éticos en la Arquitectura Moderna Española. Alejandro de la Sota-Fco. Javier Sáenz de Oiza". Tesis doctoral. Director: Vicente Mas. UPV, 2010

CAMPO BAEZA, A.: *Laconico Sota*. Italia, Lettera Ventidue, 2017

CAMPO BAEZA, A.: "La Belleza calva. Sobre la Arquitectura de Alejandro de la Sota" en La Idea Construida. Ed. KLICZKOWSKI, 2000

DIAZ CAMACHO, M.A: "El proyecto doméstico como laboratorio. Industrialización y procesos en la obra de Alejandro de la Sota" en *RITA 02*, 2014

DE DOMPABLO,M: "Alejandro de la Sota. La arquitectura no cambia de la noche a la mañana" en *Cercha : revista de los aparejadores y arquitectos técnicos*. 1974. p.p 62-65

DE LA SOTA, A (1967): "Casa Varela" en *Hogar y Arquitectura 69*.1967 p.p.12-17

DE LA SOTA, A.: "Alejandro de la Sota. El Museo Provincial. León" en *Monumentos y proyecto: jornadas sobre criterios de intervención en el Patrimonio Arquitectonico* . Ministerio de cultura,1990. p.p 300-307

DE LA SOTA, A.: *Alejandro de la Sota. Arquitecto*. Madrid, Ed. Pronaos, S.A., 1989

DE LA SOTA, A : "Conjunto residencial para vacaciones en La Manga del mar menor" en *Hogar y Arquitectura no64. Mayo/Junio 1966* p.44-50

DE LA SOTA, A., ABALOS, I., CASTAÑON, J. *Alejandro de la Sota-The Architecture of Imperfection*. Inglaterra, Ed. Spin Offset Ltd., 1997

DE LA SOTA, A. "Casa Dominguez en La Caeryra" en *Obradoiro no9*.

DÍAZ CAMACHO, M.A.: "La Casa Domínguez. Alejandro de la Sota: construir-ha-bitar". Tesis doctoral. Director: Pemjeam, Rodrigo. UPM, 2012

FERNANDEZ GALIANO, L.: "Cenizas de San Valentín" en *Arquitectura Viva 47*. 1996, p.p 68-69

FROMONOT, F.: "Alejandro de la Sota 1913-1996" en L'Architecture d'aujourd'hui. 304. 1996. p.p 20

GALLEGO, M.: *Vivienda en Alcudia, Mallorca. Arquitecturas Ausentes del siglo XX*. Editorial Rueda, 2004

GALLEGO, M.: "Einfamilienhaus Varela, Collado Mediano/Villalba" en *Werk, Bauen+Wohnen no84* p.p 34-36

GARRIDO, J.: "Breves notas sobre el sistema de prefabricación Horpresa" en *Hogar y Arquitectura no64. Mayo/Junio 1966* p.41-43

GIRBAU, L.D.; "Alejandro de la Sota: un maestro spagnolo" *Casabella no572*, 1990

LÓPEZ-PELÁEZ, J.M.; "La pasión por la idea. Apuntes sobre la arquitectura de Sota" en *Arquitectura no233*. Madrid 1981 p.p.48-50

NAVARRO BALDEWEQ, J.: "Una laboriosa abstracción: sobre Alejandro de la Sota" en *Arquitectura Viva, no. 3*, Madrid 1988

MARTINEZ GÓMEZ, A.; "El exterior como la prolongación de la casa. Los espacios intersticiales en clave tipológica, a través de dos obras de Coderch y De la Sota". Tesis doctoral. Director: Martí Arís, Carlos; Brosa Real, Víctor UPC, 2011

OLORITZ,C.: "Proyectar con la Tecnología. Sistemas de producción en la arquitectura española de los 1950-60s." Tesis doctoral. Directores: Dr. Naya Villaverde, Carlos y Lathouri, Marina .ETSA Pamplona. UNAV. 2012

PEMJEAN, R., MARTÍNEZ ARROYO, C.; *Alejandro de la Sota : cuatro agrupaciones de vivienda : Mar Menor, Santander, Calle Velázquez, Alcudia* Toledo, Colegio Oficial de Arquitectos de Castilla-La Mancha, 2007.

PUENTE, M. (ed); *Alejandro de la Sota. Escritos, conversaciones, conferencias*. Barcelona, Gustavo Gili , 2002

REGIDOR, M.; "Visita a una casa de Alejandro de la Sota" en *Periferia: Revista de Arquitectura no10*. 1991, pp.93

RODIGUEZ CHEDA, J.B. ; *Alejandro de la Sota. Construcción, Idea y Aqruitectura*. Santiago de Compostela, Colegio Oficial de Arquitectos de Galicia, 1994

SIMONA, P.: *Alejandro de la Sota dalla materia all'astrazione*. Milán, Maggioli editore, 2010

TOUSSAINT, M.: "Vivienda unifamiliar Sr. Guzmán,Santo Domingo Madrid" en *Architécti no4* Portugal, Abril 1990

VALDÉS, A.: "De Adolf Loos a Alejandro de la Sota: En el principio era el verbo" en *Arquitectura no233*. Madrid, 1981

FUENTES

Entrevistas
Andrea Canziani 10/10/2016 y 14/11/2016
Bruno Reichlin 24/11/2016 y 25/11/2016
Amadeo Bellini 24/11/2016
Andrea Gritti 12/10/2016

Victor Lopez Cotelo 14/10/2015

A propietarios de los casos estudiados:
Villa Bianca: Fabio Vender y Piemonti 03/11/2016
Villa Figini: Alessandro y Liliana Figini 16/11/2016
Villa Necchi: Ferruccio Luppi 20/10/2016
Casa Velázquez: Esther y Carlos 17/03/2016
Casa Varela: Diego Varela 22/11/2014
Casa Guzmán: Enrique Guzmán 21/11/2014
Casa Domínguez: Carmen 07/08/2017

Visitas a las casas estudiadas
Villa Necchi 19/10/2016
Villa Bianca 09/11/2016
Villa Figini (exterior) 13/12/2916

Casa Velázquez 17/03/2016
Casa Varela 22/11/2014
Casa Guzmán 21/11/2014
Casa Domínguez 07/08/2017